Les plus belles légendes des châteaux et palais

Texte de Jaroslav Tichý

Illustrations de Marie Preclíková

Les plus belles légendes des châteaux et palais

Gründ

GARANTIE DE L'ÉDITEUR

Pour vous parvenir à son plus juste prix, cet ouvrage a fait l'objet d'un gros tirage. Malgré tous les soins apportés à sa fabrication, il est malheureusement possible qu'il comporte un défaut d'impression ou de façonnage. Dans ce cas, ce livre vous sera échangé sans frais. Veuillez à cet effet le rapporter au libraire qui vous l'a vendu ou nous écrire à l'adresse ci-dessous en nous précisant la nature du défaut constaté.
Dans l'un ou l'autre cas, il sera immédiatement fait droit à votre réclamation.

Librairie Gründ — 60 rue Mazarine — 75006 Paris

Traduction de Nicole Longour-Nevejans
Illustrations de Marie Preclíková
Arrangement graphique par Aleš Krejča

ISBN: 2-7000-1659-9
Dépot légal: mai 1991
Imprimé en Tchécoslovaquie par Svoboda, Prague
1/20/11/53-01
Loi n° 49—956 du 16 juillet 1949 sur les publications destinées à la jeunesse

Sommaire

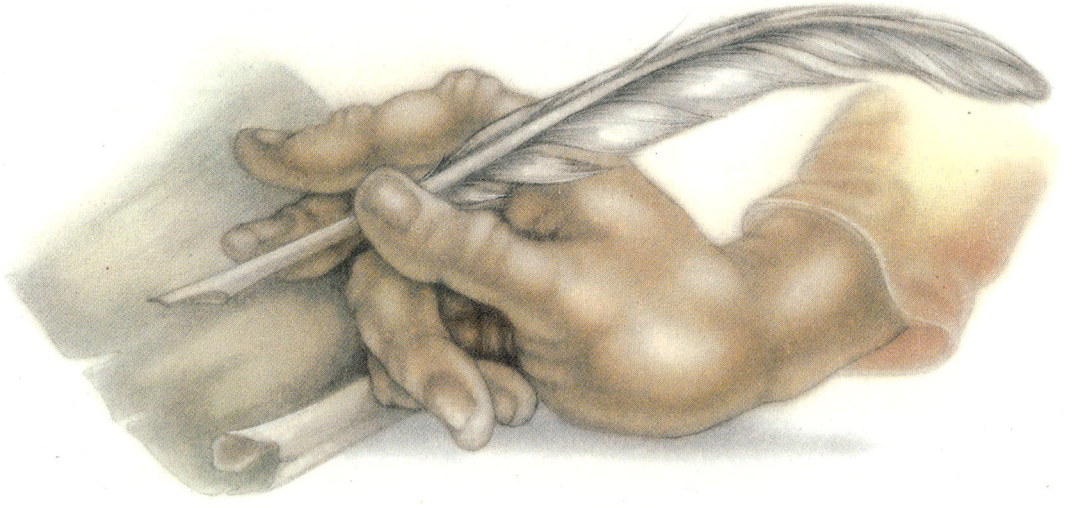

Hilda, châtelaine de Geissberg

Au temps où les abeilles suisses fabriquaient des rayons de miel aussi grands que les portes de la ville, et où les enfants cueillaient des cerises aussi grosses que des pommes, il y avait aussi des gentilshommes qui oubliaient trop souvent qu'ils auraient dû s'arrêter de grandir. Une de ces familles de géants, composée d'un veuf, de ses deux fils et de sa fille, se prit d'engouement pour la campagne des environs du village de Villigen. Elle construisit un château au sommet de la colline de Geissberg, au-dessus des vignes qui, à l'automne, colorent de jaune d'or la vallée où se rencontrent les rivières Reuss et Aar. En ce temps-là, ce devait être un spèctacle étonnant pour les habitants, que de voir le père et les fils se lançant des blocs de rochers comme s'ils jouaient à la balle !

Le château eut enfin un toit. C'était un édifice aux dimensions gigantesques. D'ailleurs,

ses imposantes ruines couronnent encore le sommet rocheux de Geissberg.

« C'est un beau château », dit le père, maître des lieux, en voyant que tout était prêt, du puits à la girouette métallique. « Parfaitement construit et jouissant de surcroît d'une très jolie vue. Mais que ferons-nous si, un beau jour, un ennemi essaie de le prendre d'assaut ? Il nous faut une importante provision de projectiles pour nos catapultes, de façon à lui donner une bonne leçon et à lui laisser un cuisant souvenir ! »

« J'ai vu quelques beaux cailloux dans les lits des rivières Reuss et Aar », dit tout à coup sa fille Hilda. « Aussi gros qu'une tête d'homme. Je crois que c'est tout à fait ce qu'il nous faut pour armer nos frondes. »

« Je vois que vos promenades au bord de la rivière ne sont pas tout à fait inutiles », dit le seigneur du château en guise d'approbation. « Nous irons en ramasser dès demain. »

Le courant tumultueux des deux rivières était extrêmement dangereux, même pour les meilleurs nageurs de Villigen. Mais pour les géants de Geissberg, ce n'était qu'une promenade. Le père et les fils déracinèrent un beau sapin chacun, qui leur servit de bâton pour le voyage, et, après être descendus dans la vallée, ils pénétrèrent dans le lit de la rivière comme d'autres sur une route pavée. L'eau leur venait à peine à mi-mollet et mouillait seulement la pointe de leur manteau !

Pendant ce temps, leur petite sœur faisait tourner le rouet géant sur lequel elle tissait le fil pour le transformer en de belles étoffes dont elle avait entièrement conçu le dessin. La roue du rouet était tellement énorme qu'elle aurait pu aisément faire tourner un grand moulin. On avait utilisé un tronc de sapin pour fabriquer la quenouille, et le fuseau avait été taillé par ses frères dans un bloc de granit restant de la construction du château. Il n'était donc pas étonnant que le bruit d'un tel rouet s'entende jusqu'au village.

Chaque fois que les habitants entendaient ce vacarme, ils maudissaient le ciel. Ils détestaient Hilda de Geissberg et ils lui reprochaient de jouer avec leur village comme le ferait un enfant avec ses poupées. C'était une jeune fille capricieuse, gâtée, comme toute fille de seigneur, et elle s'ingéniait à tourmenter son père et ses frères en leur jouant des tours qu'aucun mauvais garçon n'aurait osé inventer. C'est ainsi qu'un jour, elle prit la tour de l'église de Villigen dans sa main et qu'elle l'installa derrière le village, comme si elle avait la légèreté d'une plume.

« Cesse de tourmenter les habitants du village, ma fille », lui dit son père au cours d'un repas. Il assena sur la table un tel coup de poing que les plats, aussi vastes que des cuves, sautèrent en l'air. « Même le prêtre est venu se plaindre ! »

Mais Hilda se moquait des récriminations de son père et de celles du prêtre.

Quelques jours plus tard, elle prit dans sa main la carriole du prêtre au moment où il se mettait en route pour aller voir l'évêque, et elle

la poussa en bas de la colline comme un jouet d'enfant. Le curé se tordait les mains de désespoir !

Une autre fois, il y eut l'épisode de la noce champêtre. Pourtant, Hilda n'avait valsé qu'une ou deux fois au milieu des danseurs, mais les mariés et les invités s'étaient envolés au-dessus des maisons, soulevés par le tourbillon que la danse effrénée de la géante avait déclenché. Bien qu'ils aient atterri sans trop de mal sur une grosse meule de foin, la noce avait été gâchée.

« Mon fils unique se marie, et voilà qu'un scandale épouvantable éclate ce jour-là », se lamentait le maire. Et il n'avait pas tort : le marié était planté la tête première dans le foin et agitait désespérément ses belles bottes du dimanche . . .

« Mes amis, nous ne pouvons pas rester sans rien faire ! » dirent les habitants de Villigen, furieux, quand ils se réunirent en conseil municipal. Ils envoyèrent une lettre à Hilda, en lui demandant de cesser immédiatement de ridiculiser le village.

« Villageois, je n'ai rien fait de mal », cria Hilda de la tour du château quand elle reçut la lettre. « Tout ce que je voulais c'était danser une petite gigue en l'honneur de la noce. Je donnerais tout ce que j'ai pour une petite danse, on ne peut pas m'en vouloir ? »

Dans le village, cet incident resta longtemps une source de discorde. Mais il y eut pire.

Par une belle journée ensoleillée, Hilda eut soudain envie d'aller s'amuser près de la rivière Aar. Elle eut alors l'idée de creuser des rigoles au bord de la rivière. Certes, c'était très beau de voir la rivière couler à travers les rigoles et se répandre dans les prairies, mais la vallée fut bientôt complètement inondée.

Cette fois, la plaisanterie allait trop loin, et les habitants de Villigen en eurent assez. C'était

la période des récoltes, et tous les champs étaient sous l'eau. Armés de fourches et de piques, ils attendirent que le seigneur du château et ses fils soient absents et allèrent à Geissberg, bien décidés à donner une bonne leçon à Hilda.

La route était escarpée, et les pauvres paysans, de plus en plus fatigués, sentaient leur courage les abandonner. La vue de la grille du domaine redonna de la force à l'un des hommes qui s'empara d'une pierre et la lança avec rage contre la grille.

Il y eut un grand silence, mais soudain tous les gens de Villigen levèrent les yeux vers la tour. En effet, de l'une des fenêtres s'échappait un énorme bourdonnement comme si un nuage de hannetons volait à travers la montagne. Le bruit s'amplifia pour se transformer en un rugissement menaçant. C'était Hilda de Geissberg qui, dans sa chambre, actionnait son rouet avec une frénésie débordante. Elle était exaspérée par l'expédition des gens de Villigen, et le coup contre la grille n'avait fait qu'augmenter sa colère.

« Faire autant d'histoires pour un peu d'eau qui a débordé de la rivière et inondé les prairies ! Si je ne peux même plus creuser quelques rigoles ! Et tout ça juste au moment où il fait une telle chaleur ! Ces paysans n'ont vraiment aucun sens de l'humour ! En fait, ils sont jaloux du bonheur des autres. »

Cette idée la mit dans une terrible fureur, et elle fit tourner son rouet de plus en plus vite, si bien que le bruit, déjà épouvantable, devint un hurlement insupportable. Puis, tout à coup, une terrifiante explosion déchira le ciel comme un éclair. Le fuseau, en tournant, s'était détaché du rouet et avait été propulsé à travers la fenêtre ! Il passa au-dessus des villageois puis tomba dans la rivière avec un bruit sourd. L'eau de la rivière éclaboussa l'église jusqu'au clocher.

Les pauvres habitants de Villigen étaient accablés. Pris de panique, ils dévalèrent la colline pour regagner au plus vite leurs maisons. Nul ne savait plus s'il s'agissait de la réalité ou d'un cauchemar.

Malheureusement, ce n'était pas un rêve . . .

Depuis ce jour, quand le niveau de l'eau de la rivière baisse, on voit au fond de l'eau une grosse masse en forme de fuseau. C'est tout simplement celui qui a été lancé de la tour du château de Geissberg.

Ragnar et Svanhvit

Depuis des temps immémoriaux, la ville d'Uppsala en Suède a toujours été une ville royale. Avant même que le château que l'on voit aujourd'hui n'ait été construit, un autre château surplombait déjà la ville. Mais plus qu'une place forte, c'était avant tout le siège du gouvernement. En ce temps-là, selon la légende, régnait le roi Hunding.

Un jour, il reçut une nouvelle inattendue : son vieil ami Hadding, roi du Danemark, était mort subitement.

« Mon ami, tu étais pour moi plus qu'un frère. Une cérémonie digne de ta grandeur ne serait-elle pas la meilleure façon d'honorer ta mémoire ? Les bardes chanteront tes prouesses, et les manoirs résonneront des éloges que l'on fera de toi », disait intérieurement le roi Hunding à son défunt ami. Et il imaginait déjà la fête somptueuse qu'il donnerait en son honneur. Alors il alla inspecter les réserves de nourriture et de boisson. En descendant les escaliers qui menaient à la cave, où la bière fermentait dans une énorme cuve, il trébucha sur une pierre, tomba la tête la première dans la cuve, et s'y noya.

Ainsi mourut un homme qui avait échappé à tant de périls et essuyé le feu de tant de batailles. Ce n'était pas vraiment une mort digne d'un roi, et, étant donné ce qui s'ensuivit, c'était même quelque peu dérisoire. En effet, le roi Hadding du Danemark était bel et bien vivant. La nouvelle de sa mort n'était qu'une fausse rumeur.

Quand Hadding apprit que le roi Hunding était mort par sa faute, le chagrin et le remords ne lui laissèrent plus de répit.

« Mon ami, je ne peux plus vivre en ce monde, accablé par une telle douleur. Je te rejoindrai dans le Walhalla, où siège Dieu Tout-Puissant, et là, dans le palais des héros, nous

boirons des coupes d'un breuvage étrange, qu'Odin utilisa pendant des siècles pour panser les cœurs meurtris ! » dit le roi Hadding. Désespéré, il noua une corde autour de son cou et se pendit.

Les royaumes de Suède et du Danemark furent accablés de chagrin en apprenant l'événement. Une femme pourtant en était ravie. C'était Thorilda, la veuve du roi Hunding, qui désirait depuis longtemps diriger seule le château. Maintenant qu'elle était veuve, il ne restait plus qu'un seul obstacle à son dessein : les fils du roi, Ragnar et Thorald. Leur mère était morte alors qu'ils étaient encore tout petits, et Thorilda n'était que leur belle-mère. À partir de ce moment, elle ne pensa plus qu'à la manière de se débarrasser définitivement des deux garçons.

Ragnar et Thorald avaient hérité du courage de leur père et, ils tenaient de leur mère un cœur pur et généreux. Aussi, quand Thorilda se plaignit que les troupeaux du roi ne cessaient de diminuer, les deux frères n'y virent pas malice et proposèrent immédiatement leur aide. Comme elle l'avait prévu, ils partirent vers de lointains pâturages, déguisés en berger, pour ne pas abîmer leurs somptueux vêtements.

Ils ne pensèrent pas un instant que leur belle-mère voulait se débarrasser d'eux. En effet, à cette époque, les prairies et les pâturages étaient hantés par des fantômes et des mauvais esprits.

La nouvelle du stratagème mis au point par Thorilda se répandit dans le voisinage. Même du temps où le roi était vivant, Thorilda aimait exercer sa cruauté sur ses sujets. Leur sort serait encore plus terrible lorsque la reine, débarrassée des princes, aurait les pleins pouvoirs.

La fille du roi Hunding, la blonde Svanhvit, connaissait le plan diabolique de Thorilda. Sans perdre de temps, elle appela ses suivantes et leur dit :

« N'est-il pas suffisant que deux des plus grands hommes des royaumes de Suède et du Danemark aient trouvé une mort tragique ? Faut-il, en plus, que les deux jeunes princes périssent sous les coups d'un esprit malfaisant ? Allons de toute urgence à Uppsala pour les prévenir ! Nous devons les sauver ! »

Svanhvit et ses neuf amies comptaient parmi les plus belles jeunes filles du royaume du Danemark. Elles étaient aussi des plus courageuses. Elles adoraient les folles randonnées à cheval dans la campagne et étaient très adroites au tir à l'arc. Les hommes savaient bien qu'en cas de conflit, ces femmes seraient d'une importance capitale.

Quand les jeunes filles passèrent la frontière,

le château d'Uppsala était encore loin. Par chance, Ragnar et Thorald faisaient paître leurs troupeaux sur les prairies qui jouxtent la frontière. Ces pâturages avaient la réputation d'être hantés par des fantômes. Svanhvit le savait bien. Mais pour s'approcher d'Uppsala, il fallait coûte que coûte les traverser.

Quand il aperçut au loin les jeunes filles à cheval, armées de boucliers d'un rouge éclatant, tel une multitude de coquelicots, Ragnar dit à Thorald :

« On dirait que les Walkyries arrivent. Ce sont les fées qui guident les âmes des guerriers tombés sur le champ de bataille vers le Walhalla. Garde le troupeau, Thorald, je vais tâcher de savoir où elles vont, c'est le devoir d'un fils de roi. »

Quand les compagnes de Svanhvit virent le jeune homme habillé en berger, elles voulurent descendre de cheval et boire un peu du lait des brebis qui paissaient à proximité. Mais Svanhvit intervint : « Ne voyez-vous pas avec quelle furie de gros nuages noirs s'amoncellent dans le ciel ? Ce sont des sorcières et des fées. Elles ont les yeux aussi perçants que ceux d'un aigle et peuvent apercevoir une minuscule petite souris du haut du ciel. Un cavalier ayant mis pied à terre est une proie facile ! Elles ont le pouvoir de se transformer instantanément en loups aux crocs et aux griffes acérés et n'hésitent pas à mettre en pièces leurs victimes. Voyez comme elles peuvent prendre des formes variées dans le ciel ! » dit Svanhvit en montrant du doigt les nuages balayés par le vent. « Et les plus rusées d'entre elles peuvent même prendre forme humaine », dit-elle en regardant Ragnar d'un air méfiant.

« Je ne suis pas du tout un fantôme », dit Ragnar après s'être approché de quelques pas du cheval de Svanhvit. « Je ne me souviens même plus du chemin que j'ai suivi pour arriver jus-

qu'à cette prairie éloignée de tout. »

En le voyant de plus près, Svanhvit remarqua qu'il avait les yeux du même bleu que ceux du défunt roi Hunding.

« Un sang royal coule dans vos veines, vous n'êtes pas un berger », affirma-t-elle. « L'éclat de votre regard et la beauté de votre visage vous trahissent. Fuyez ce lieu au plus vite et prenez soin de choisir des chemins à l'abri des regards. Les monstres qui hantent les cieux et le vent au-dessus de nos têtes sont à l'affût d'une noble proie. Malheur au gentilhomme qui ne pourrait enfourcher une monture rapide ! »

« Oh non ! » se dit Ragnar, « maintenant qu'elle m'a reconnu, que va-t-elle penser de mes grossières hardes de berger ? » Il avait affreusement honte de son accoutrement indigne d'un fils de roi, et il répondit : « Vous vous trompez gente demoiselle ! Le sang qui coule dans mes veines est celui d'un pauvre, j'ai vécu dans la misère depuis ma plus tendre enfance. Mais ce n'est pas pour cela que je suis un lâche ou un rustre. Sous cet accoutrement souillé par les travaux des champs, peut se cacher un homme courageux. Je ne crains personne au monde, pas plus la reine des fantômes que les feux follets ou les cavaliers de la nuit qui traversent les cieux. Je ne crains pas non plus le roi des elfes, même s'il est le plus rusé de tous. Je suis prêt à me battre avec eux, fût-ce à mains nues ! »

Svanhvit écoutait les paroles de Ragnar comme si elles sortaient d'un rêve. La détermination qu'elle lisait dans son regard emplissait de tendresse le cœur de la jeune fille. Il lui parut digne de confiance.

Elle réfléchit un instant, puis tira son épée à double tranchant dont la garde était ornée d'ambre et d'argent, et se pencha pour la remettre à Ragnar.

« Si vous osez défier à mains nues des monstres dont chacun est plus féroce et plus rusé que dix guerriers humains, alors vous avez le courage des dieux. Je n'ai jamais rencontré quelqu'un d'une telle témérité. Mais le courage va de pair avec les armes, et l'épée doit être digne du bras qui la tient. Voici votre dû : c'est l'épée de Hadding, mon père, qui a souvent lutté aux côtés du roi Hunding, pour défendre votre pays et le mien. »

À ces mots, Ragnar comprit que la jeune fille n'était pas une walkyrie, mais la fille du meilleur ami de son père. Il ressentit alors de la tendresse pour cette jeune femme au noble cœur. Il accepta l'épée et, s'agenouillant, il en baisa la garde. Il se releva, et du haut de son imposante stature, il fit siffler la lame, l'acier brilla comme un éclair.

Les spectres tournoyant dans le ciel crurent qu'il leur lançait un défi, et se mirent à tourner

autour de lui. C'étaient des bouches sans visage crachant des flammes, des os de bras et de jambes à la place de véritables membres, des griffes au lieu de doigts. Des squelettes aux ailes de chauves-souris sortaient de la lande et des forêts, et des gnomes aux membres noueux comme des racines essayaient de faire tomber Ragnar à genoux.

Ragnar se battit toute la nuit contre les monstres, et obtint la victoire grâce à l'épée de Hadding. C'est alors qu'il comprit qu'elle était magique.

Le matin, quand le voile de brume se leva et disparut dans le ciel bleu et sans nuages, le combat prit fin. Les compagnes de Svanhvit purent enfin descendre de cheval et s'étendre dans l'herbe pour se reposer.

Pendant ce temps, Svanhvit pansait les plaies de Ragnar.

« Regardez », dit-elle soudain en montrant du doigt un objet brillant. Ragnar s'approcha et vit un diadème orné de pierres précieuses noires, un bracelet fait de petits serpents entrelacés et la bague marquée d'un mystérieux symbole . . . Il les reconnut immédiatement : ces bijoux étaient ceux de Thorilda, sa belle-mère, qui gisait un peu plus loin parmi les sorcières et les monstres. Montée sur un cheval volant noir, elle était venue du château d'Uppsala pour diriger la bataille contre les fils du roi.

Svanhvit conseilla ensuite à Ragnar et à Thorald de réduire en cendres les monstres exterminés.

« Si nous ne les brûlons pas, ils se relèveront à la prochaine pleine lune et se vengeront cruellement de leur défaite. »

Dès que le feu fut éteint, les fils du roi, Svanhvit et sa suite prirent la route du château d'Uppsala. Vue de loin, la tour carrée en poutres de chêne noirci avait un aspect lugubre. En approchant, ils virent que les galeries et les mâchicoulis étaient garnis d'hommes et de femmes hurlant de joie. Ils brandissaient joyeusement des châles, des bonnets ou des drapeaux confectionnés à la hâte, car ils venaient d'apprendre la victoire de Ragnar.

Le peuple célébra le couronnement de Ragnar pendant trois jours et trois nuits. La cérémonie fut d'autant plus somptueuse que l'on fêtait en même temps les fiançailles du nouveau roi et de Svanhvit sa bien-aimée, la nouvelle reine de Suède.

Finn et le géant

Sur la côte sud de l'Irlande, vivaient un homme, appelé Finn, et sa cour. Près de la mer, il avait construit un château si beau et si résistant que des vestiges de ses murs sont encore visibles aujourd'hui.

Finn vivait là et défendait le pays, contre les assaillants venus de la mer. Les envahisseurs arrivaient toujours sur leurs bateaux de guerre dans l'espoir de conquérir l'île Verte. La ville de Ventry peut en témoigner, car une terrible bataille y avait eu lieu, que Finn et ses hommes avaient eu du mal à gagner.

Depuis quelques mois, cependant, l'ennemi ne se montrait plus et Finn pouvait s'adonner paisiblement à la pêche. Un beau jour, il eut envie de manger des patelles grillées. Malheureusement, il n'y en avait aucune dans ses filets.

« Des crevettes feront l'affaire ! » se dit-il. Il attacha le bateau à un poteau, et se mit en quête de quelques crustacés le long de la plage.

Finn trouva une poignée de patelles. Ce serait une petite friandise avant le repas. Il fit un feu sur la plage, et commença à les faire griller. La mer était calme et Finn rêvait devant l'immensité. Le port de Ventry se dessinait au loin. Soudain, il aperçut une embarcation, avec une grande voile pourpre, qui se dirigeait vers le rivage. Un seul homme était à bord. Il était bien plus grand que Finn et portait l'armure la plus luxueuse que Finn ait jamais vue. De toute évidence, ce n'était pas un homme ordinaire.

« Avec mon feu et mes patelles grillées, il va

me prendre pour un vagabond affamé », se dit Finn, « je suis quand même le seigneur du château. »

Et il se dépêcha de jeter les crustacés à la mer. Mais le géant était déjà là. Il planta la pointe de son épée sur le pont de son bateau, et d'un bond gigantesque, il atterrit sur la berge en faisant trembler le sol.

« Pouvez-vous me dire où vivent Finn et ses hommes ? » demanda-t-il d'une voix de stentor, tandis qu'il se tenait debout sur des jambes aussi robustes et puissantes que des piliers.

« Ils vivent là-haut », dit Finn en montrant son château du doigt. « Et je suis l'un de ses hommes.»

« Finn et ses hommes ont la réputation d'être de courageux guerriers, n'est-ce pas ? » poursuivit l'homme.

« C'est vrai. Ils sont issus de la maison de Fianna, la plus courageuse de toute l'Irlande », dit Finn, « et ils sont dignes de leur nom. »

« Bien, bien », grommela le géant. « Je suis un guerrier du pays des géants. Au fond du plus grand de nos lacs, se trouve un énorme monstre qui s'est mis en tête d'épouser la fille de notre roi. Le prophète du royaume prétend que le seul homme capable de vaincre le monstre est Finn d'Irlande. C'est pourquoi mon roi m'a envoyé à sa recherche. »

« Ils veulent me faire croire qu'il y a un monstre à combattre pour me faire prisonnier », pensa Finn. Alors il dit : « Finn n'acceptera pas de venir seul avec vous, ses hommes se feraient trop de souci pour lui. »

« Ses hommes peuvent être rassurés », dit en riant le géant. « Je me chargerai moi-même de la protection de Finn, car je suis entouré de pouvoirs magiques, et aucune arme au monde ne peut me blesser. Si vous avez une épée, essayez vous-même. »

« J'ai effectivement quelque chose qui y ressemble », s'écria Finn. « Quand je fais rôtir de la viande sur le feu, j'utilise cet outil pour mettre les morceaux directement dans ma bouche. »

Et il tira de sous son manteau la fameuse épée avec laquelle il avait repoussé tant d'armées ennemies. Il la fit tournoyer au-dessus de sa tête et la lança de toutes ses forces sur le géant. Le coup était bien ajusté.

« Oh, oh », s'écria l'homme qui se mit à sautiller sur une jambe, en frottant l'endroit où l'épée l'avait blessé. « Si les hommes de Finn sont tous aussi forts que vous, alors vous pouvez être fiers. Bien que protégé par des pouvoirs magiques, j'ai tout de même ressenti la douleur. »

« Il faut que je vous confie un secret », dit Finn d'un air mystérieux. « Pour ce qui est de la force, je ne suis qu'un enfant comparé à Finn et à ses hommes . . . »

Mais le géant n'eut pas l'air d'y attacher la moindre importance.« Pouvez-vous me montrer le chemin pour aller au château ? » tonna-t-il. Il ne semblait pas disposé à attendre plus longtemps.

Finn lui indiqua le chemin que ses hommes avaient utilisé pour amener du sable et des pierres pour la construction du château. C'était un long détour, mais la voie était large, et le géant s'y engagea de bon cœur. Pour une fois qu'il pouvait emprunter un chemin sans se préoccuper de regarder où il mettait les pieds !

Pendant ce temps, Finn grimpa vers le château en prenant un raccourci. Il arriva droit dans la cuisine où Grainne, sa domestique, préparait le souper.

« Laisse le repas, laisse les plats, laisse tout, ma chère Grainne, et écoute-moi bien ! Un géant va venir me voir. Mais je n'ai pas envie de

le recevoir, alors je vais me cacher dans cette maie. Si jamais le géant me voyait, dis-lui que je suis ton fils nouveau-né ; ainsi peut-être me laissera-t-il tranquille. »

Mais l'idée ne plaisait guère à Grainne. « Et vos cheveux roux, et votre barbe ? J'ai une idée, je vais vous couvrir la tête avec mon bonnet brodé et vous cacher le menton avec un bavoir qui était à ma fille quand elle était petite. »

« Ma tête est faite pour porter un casque dont les reflets du soleil éblouissent l'ennemi terrifié. Êtes-vous certaine que je puisse décemment porter un bonnet de femme ? » s'écria Finn peu convaincu. Mais Grainne courut chercher une couverture pour en recouvrir Finn des pieds à la tête. Avant qu'elle ne revienne, Finn était déjà couché dans la maie, le bonnet sur la tête . . .

Soudain, un bruit sourd, semblable à un roulement de tonnerre résonna dans le château. Le géant arpentait le vestibule d'un pas puissant, et s'étant égaré dans le dédale sans fin des couloirs du château, fit brusquement irruption dans la cuisine.

« Suis-je bien au château de Finn dont la renommée s'étend par-delà les mers ? » dit-il d'une voix de stentor à Grainne.

« Oui, c'est ici, mais notre maître est parti chasser l'ours dans les forêts, très loin, et il ne reviendra pas avant dimanche. »

« Peu m'importe, je l'attendrai avec plaisir », dit le géant en riant. « Je pense d'ailleurs que l'attente ne sera pas trop désagréable, si j'en juge par toutes ces tranches de lard, ces jambons fumés, et ces fromages suspendus partout au plafond. » Il éclata d'un rire si puissant que les poêles se détachèrent des murs où elles étaient accrochées.

« Je suis très étonné que Finn n'ait prévu qu'une seule entrée pour ce château », et il se mit à la recherche d'une porte dérobée par laquelle on pourrait envahir le château. En effet,

il avait reçu l'ordre de son roi de débarquer près de Ventry avec ses troupes, pendant que Finn se battrait avec le monstre.

« Une seule entrée suffit à Finn, à ses hommes et à moi-même, et c'est apparemment suffisant pour vous », répondit Grainne d'un ton péremptoire. « Je ne vois pas pourquoi le château de Finn aurait davantage de portes ? » Le géant réfléchit un instant pour trouver une réponse plausible. Soudain le ciel se couvrit, et une forte pluie se mit à tomber. Alors il dit :

« Que font-ils quand il y a une tempête, un orage ou de la grêle, que la porte est bloquée et que personne ne peut plus ni entrer ni sortir ? Ce doit être très gênant pour Finn et ses hommes quand ils sont pressés de rentrer au château pour s'abriter du mauvais temps, et qu'il n'y a pas de porte du côté abrité ! »

« C'est très simple ! » répondit Grainne sans hésiter une seconde. « Ils prennent le château dans leurs bras, ils le retournent, et ainsi la

porte se trouve toujours du côté abrité. »

« Ils doivent vraiment être très forts », dit le géant. « D'où tiennent-ils pareille force ? »

À cet instant, Finn se tourna si violemment que la maie rebondit sur le sol. Le géant posait beaucoup trop de questions.

« Qu'est-ce que c'est ? » s'exclama l'homme en posant immédiatement la main sur son énorme épée. « Voilà que la maie piaffe comme un étalon, c'est bizarre ! »

« Ce n'est pas une maie, c'est un berceau comme on les fabriquc dans notre pays », dit Grainne. Le géant se pencha alors au-dessus de la maie.

« Quel gros bébé ! » dit-il, étonné. Seule la tête de Finn dépassait de la couverture, « Quel âge a-t-il ? »

« Il n'a pas tout à fait un an », répondit la cuisinière, tandis que l'homme secouait la tête d'un air incrédule. Il souleva la couverture et introduisit son doigt dans la bouche de Finn pour voir si l'enfant avait des dents.

Finn ne put en supporter davantage et mordit le doigt de toutes ses forces. Le géant fit un bond de deux mètres, puis il se mit à tourner en rond, les yeux fixés sur son doigt blessé.

« Ce bébé doit avoir une force surhumaine pour réussir à rompre le charme qui me protège contre les blessures », pensa-t-il. Écumant de rage et de terreur, il cria à Grainne :

« Comment se fait-il que ce bébé ait des dents aussi redoutables ? »

« Oh, ses dents », dit-elle d'un ton aussi indifférent que possible.

« Chez les Fianna, tous les enfants ont des dents dès leur naissance. Et même au berceau, ils sont déjà grands et forts. »

Le guerrier était époustouflé. Si les bébés étaient déjà ainsi, que devait-il en être des adultes ?

« Après tout, je ne vais pas attendre Finn et ses hommes », dit-il à la cuisinière. « Mais nous rencontrerons certainement un jour ou l'autre. » Et il partit à grands pas. Il franchit le seuil et descendit la colline pour se diriger vers la plage où il avait amarré son bateau.

« Il faut que je me prépare à combattre Finn avec une armée de premier ordre », marmonna-t-il entre ses dents en hissant la voile, bien décidé à rentrer au plus vite au pays du monstre légendaire.

Finn était de plus en plus soucieux à l'idée de le combattre.

« Si le devin a prophétisé que je devais vaincre le monstre, je ne peux pas y échapper », dit-il à Grainne après l'avoir chaleureusement félicitée pour l'habileté avec laquelle elle s'était débarrassée du géant.

Il échangea le bonnet qu'il portait contre son casque brillant, prit son épée suspendue au mur et siffla son chien, Bran. Ensemble ils dévalèrent la colline jusqu'au port où le petit bateau de guerre de Finn était ancré. Finn hissa la voile, et comme il était un habile navigateur, il parvint au pays du monstre avant le géant.

Bran, le chien, sentit le monstre de très loin. En aboyant frénétiquement, il conduisit directement son maître vers le lac où vivait le dragon. Sa tête en forme d'œuf se dressait hors de l'eau. Son cou était si long que Finn et Bran crurent qu'ils avaient affaire à un énorme serpent. Sur le front, le monstre avait huit yeux verts qui lançaient des éclairs : six scrutaient l'horizon pour voir si on lui amenait enfin la fille du roi, et les deux autres regardaient fixement Finn et son chien.

Au moment où Bran allait sauter à l'eau tous crocs dehors, la langue gluante du monstre jaillit comme un fouet brûlant et s'enroula autour du cou de Bran. Immédiatement Finn la coupa avec son épée. Le monstre souffla violemment et se dirigea vers la berge. Il sortit du lac avec une grande lenteur, car son corps était aussi gigantesque que celui de dix baleines. La terre trembla sous ses furieux coups de queue. Finn comprit soudain que le monstre le provoquait en duel, et il mit la main sur son épée.

Comme il semblait vulnérable, son arme à la main, face à cette montagne de chair ! Finn ne savait pas du tout qui sortirait vainqueur de ce combat, mais l'oracle qui l'avait désigné pour vaincre le dragon, lui avait aussi donné un pouvoir magique.

Finn pouvait maintenant voir entièrement le

corps du monstre. On aurait dit qu'il était fait de brume, si bien que l'on voyait même battre son cœur, qui n'était pas dans la poitrine mais était caché sous l'une des six pattes du monstre. Personne n'aurait jamais songé à le chercher là.

Avant que le monstre n'ait eu le temps de lancer sa langue brûlante, Finn s'approcha et enfonça son épée dans le cœur du monstre. Titubant, l'animal retourna dans le lac qui l'engloutit à jamais.

Désormais, pourquoi rester dans un pays quand l'Irlande, la verdoyante patrie de Finn, l'attendait par-delà les mers ? Finn et Bran revinrent au bateau et mirent le cap sur leur pays natal. Mais la tempête qui se leva soudain les rejeta sur le rivage. L'embarcation s'échoua sur les galets de la plage, en bas d'une forteresse hideuse et lugubre.

« Nous essayerons de nous cacher à l'intérieur jusqu'à la fin de l'orage, Bran », dit Finn à son chien en frappant à la porte.

Quelle ne fut pas sa stupeur quand une femme aussi grande que le géant ouvrit la porte ! Finn apprit qu'il était dans la demeure dudit géant et qu'il parlait à son épouse . . .

Elle lui révéla qu'il était parti sur la mer le matin même en direction de l'Irlande, avec ses trois fils et les troupes du roi afin de s'emparer du château de Finn et de conquérir tout le royaume d'Irlande.

« Une récompense vraiment royale pour avoir délivré sa fille du monstre du lac », se dit

Finn. Mais il ne manifesta pas la moindre émotion tant qu'il fut devant la femme du guerrier.

« J'ai entendu dire que les hommes de Finn se battent comme des lions. Croyez-vous que votre mari pourra les vaincre ? »

« Je suis sûr qu'il va les écraser », dit-elle fièrement. « Mon mari est protégé contre tous les coups et toutes les blessures par un charme magique, et l'invincible force de mes fils est concentrée dans ces trois casques suspendus sur ce mur. Mes fils peuvent même combattre une puissance démoniaque tant que personne ne touche à ces casques. »

Au même instant, une dispute entre les domestiques éclata, et la femme du géant sortit en courant pour voir ce qui se passait. Finn et Bran restèrent seuls dans le vestibule. Dans la cour, la querelle s'amplifiait et la maîtresse de maison s'y trouvait maintenant mêlée. Finn et son chien s'enfuirent discrètement en emportant les trois casques, et disparurent derrière une dune de sable.

La chance était de leur côté. Un vent favorable avait succédé à l'orage, et, ayant rejoint leur bateau, ils furent rapidement en pleine mer. Bientôt le rivage irlandais apparut. Mais soudain, une nuée de mouettes se mit à tournoyer autour du mât.

« Ces oiseaux poussent des cris bizarres et ils se sont aventurés bien loin en mer », se dit Finn. Mais bientôt il comprit.

Les oiseaux s'étaient éloignés à cause de la bataille qui faisait rage au château. Les hommes de Finn combattaient courageusement les attaquants qui avaient jeté l'ancre sur la plage le matin même, et qui n'étaient autres que le géant et ses trois fils, à la tête d'une puissante armée. Sa cuirasse magique résistait aux coups des défenseurs, et les trois fils se battaient sans jamais faiblir.

« Tenez bon, fidèles compagnons ! » hurla Finn d'une voix de tonnerre. Dès que la proue du bateau toucha la plage, Finn sauta sur le rivage et se fraya un chemin au cœur de la bataille jusqu'à ce qu'il arrive au niveau des trois fils du géant.

« Regardez par ici, votre force est entre mes mains ! » s'écria-t-il en soulevant au-dessus de sa tête les trois casques magiques brillant de mille éclats sous le soleil.

Au même instant, les trois garçons lâchèrent leur épée souillée de sang et tombèrent à genoux. Ils ne se relevèrent que pour battre en retraite vers le bateau. Ils furent rejoints en chemin par leur père qui, s'étant rendu compte de la force réelle de ses adversaires, avait perdu l'envie de poursuivre le combat.

« Hourra ! » criaient les hommes de Finn.

La retraite des troupes ennemies se transforma en un véritable sauve-qui-peut. Les envahisseurs, dans le plus grand désordre, sautèrent dans leurs bateaux et firent voile vers le large.

« Estimez-vous heureux de rentrer chez vous en ayant encore votre tête ! La prochaine fois, ce sera bien pire ! » cria Finn au géant en guise d'adieu. Il ne revint jamais plus à l'idée du géant de retourner les pieds en Irlande.

La trahison de la princesse Anush

Près du chemin qui mène de l'ancienne Arménie à la ville d'Ecbatane, un rocher escarpé s'élevait vers le ciel. Aucune trace de terre ne l'avait jamais souillé, aucun brin d'herbe n'était jamais venu adoucir cet aride panorama rocheux. Seul le feu du soleil semblait le consumer jour après jour.

Un jour, Farhad le sculpteur passa par là. Malgré son jeune âge, il était déjà célèbre dans tout le pays. Il marchait, un maillet sur l'épaule, tête basse, plongé dans ses pensées ; un homme capable de donner vie à la pierre a toujours quelque sujet de méditation en tête.

Soudain, le son de plusieurs cors de chasse lui fit lever la tête. Une meute de lévriers suivie de piqueurs et de fauconniers faillit le jeter à terre. Un groupe de chasseurs passa comme un ouragan, en criant et en riant, puis disparut aussi vite.

Farhad semblait frappé par la foudre. En effet, il venait d'entrevoir parmi ces visages celui d'une femme inconnue qui l'avait subjugué. L'image de la jeune femme se grava si fortement dans son cœur qu'il ne put jamais plus l'effacer.

Chaque jour, le sculpteur revenait près du rocher, animé par le fol espoir de revoir la jeune femme. Mais le groupe des chasseurs dont elle faisait partie ne repassa plus par là.

Le comportement de Farhad changea. Il semblait avoir complètement oublié la sculpture et passait des heures à errer en solitaire dans la montagne comme s'il avait perdu l'esprit.

Les jours passèrent, puis les semaines. Des mois entiers s'écoulèrent dans une éternelle errance qui s'achevait toujours sous le rocher. Puis vint enfin le jour où il revit la jeune femme. Elle se promenait, sans les chasseurs cette fois, seulement accompagnée de sa suite. Elle semblait encore plus charmante que la première fois. Elle croisa le regard de Farhad et lança son cheval vers la pierre où il était assis.

« Pourquoi ces montagnes vous attirent-elles autant ? » demanda-t-elle. « Pourquoi revenez-vous sans cesse dans cet endroit désolé ? Je vous y ai vu souvent. »

« C'était l'espoir de vous revoir qui changeait ce désert aride en un jardin paradisiaque », répondit Farhad.

« Êtes-vous donc si amoureux ? » dit la jeune femme en riant.

« Pensez-vous que le cœur d'un homme habitué à manier le maillet et le ciseau se soit endurci au point qu'il n'y ait plus de place pour la plus belle des jeunes filles. » — « Loin de moi cette idée », dit la jeune femme. « Pourquoi celui qui extrait la beauté de la pierre n'admirerait-il pas la beauté pure ? Mais à présent écoutez-moi bien : je suis Anush, la fille du roi des Arians, et conquérir mon cœur exige de grands sacrifices ! »

« Je sais que les dieux très puissants et les aimables déesses ont le droit de tout exiger. »

« Je ne demanderai pas l'impossible, Farhad. Je veux simplement mettre votre amour à l'épreuve. Vous voyez ce rocher au-dessus de votre tête ? Détournez un instant votre regard de moi et regardez », dit la jeune femme en pointant le doigt sur le sommet effilé. « Sculptez-moi un château là-haut. Je voudrais avoir une vue qui s'étende jusqu'aux plaines assyriennes et pouvoir contempler les méandres argentés du Tigre à travers les vertes prairies. Je voudrais aussi admirer les élégants palmiers du Bagistan, balançant leurs cimes luxuriantes dans la brise qui souffle des montagnes. Et au cœur même de la roche je veux avoir un coffre-fort pour mes bijoux, et sous les murs du palais, des écuries pour mes pur-sang. Quand vous aurez terminé, alors je serai votre femme. »

Sur ces mots, elle fit faire demi-tour à son cheval noir, et rejoignit sa suite. Tout le groupe partit au galop et disparut bientôt dans un nuage de poussière.

Farhad demeura seul au pied du rocher. Il

prit ses outils et se mit à l'ouvrage. Et, à partir de cet instant, les coups de maillet résonnèrent dans la montagne. L'amour qu'il portait à la belle Anush semblait lui avoir donné des muscles d'acier. Peu à peu, le sommet du rocher se transforma en chambres confortables, en majestueux vestibules, et en couloirs merveilleusement décorés. Une œuvre d'une fabuleuse beauté se dégagea miraculeusement du rocher. Les murs du palais étaient décorés de pierres sculptées représentant des héros antiques combattant des démons et des mauvais esprits, et les anciens rois de Perse remportant de célèbres victoires. Farhad mit aussi en scène de glorieux actes de bravoure qui, selon la légende, avaient été accomplis par les ancêtres des Arians. Anush aurait plaisir à contempler la noblesse de sa famille, dont elle était la digne héritière.

Un jour, Farhad put enfin envoyer un message à la princesse pour lui annoncer que son œuvre était terminée. Anush arriva accompagnée de ses suivantes.

« C'est vraiment très joli », dit-elle après avoir examiné le château de fond en comble, des écuries à la galerie flottant comme un petit nuage au sommet de la plus haute tour. « Mais il n'y a pas d'eau. Et il n'y a même pas d'arbres ! Faites jaillir des fontaines à travers des voiles argentés. Et semez quelques buissons, quelques fleurs, quelques arbres sur le rocher pour que leur ombre puisse m'abriter. »

Puis Anush cravacha son pur-sang et partit au galop à la tête de ses suivantes.

Une fois de plus, Farhad se retrouva seul. Désespéré, il regarda autour de lui : il n'y avait pas le moindre ruisseau à l'horizon, et aucune source ne jaillissait aux alentours.

Alors il détourna le cours de petits ruisseaux et les fit arriver au bas du rocher. À l'intérieur même du château, il creusa des rigoles pour

faire monter l'eau, car il voulait que son œuvre soit parfaite. Il sculpta des gradins et des terrasses au flanc de la colline et construisit des réserves d'eau avec des gargouilles et des fontaines. Il alla chercher de la bonne terre sur des côteaux lointains et la répartit sur les terrasses. Les jets d'eau fertilisèrent le sol, et Farhad put bientôt semer les premières graines et planter le premier arbre.

Les années passèrent, les arbres qui, en grandissant, formaient des couronnes d'ombre, donnèrent leurs premiers fruits. Les terrasses se couvrirent de fleurs parfumées, et des rossignols vinrent égayer ce paradis de leur chant.

Les voyageurs qui prenaient la route d'Ectabane restaient muets d'admiration. En effet, les jardins et le château semblaient suspendus dans l'air.

En revanche, celle à qui tant de merveilles étaient destinées avait disparu. Jour après jour, Farhad l'attendait. Il lui fit parvenir plusieurs messages, mais ce fut en vain.

Un jour, à l'heure où le soleil descendait derrière les montagnes, Farhad entendit un paysan chanter joyeusement. L'homme transportait un gros sac et courbait le dos sous le poids.

Il vint s'asseoir près de Farhad. Il essuya de grosses gouttes de sueur qui coulaient de son front, puis sourit. « D'où venez-vous ? » demanda Farhad. « Vous devez être heureux pour chanter si joyeusement. »

« Je viens de la ville royale. Et pourquoi ne chanterais-je pas quand tout le pays est en liesse à cause des réjouissances ? »

Farhad demanda quel était l'événement que l'on célébrait. Le voyageur le regarda étonné.

« Où étiez-vous donc ces derniers temps pour ne pas avoir entendu parlé du mariage de notre souverain ? La fête dure depuis sept jours et sept nuits. Le vin coule à flots des fontaines, et des montagnes de friandises s'entassent sur les tables dressées en plein air. Chacun peut boire et manger à volonté. La musique résonne dans toute la ville et les pieds des danseurs sont infatigables. J'y suis allé moi aussi et j'ai ramené, dans ce sac, un cadeau qui permettra à ma famille de survivre quelques jours. »

« Ce doit être un mariage somptueux », dit Farhad. « Et quel est le nom de l'épouse choisie par notre souverain ? »

« C'est la fille unique du roi des Arians, monsieur. Elle s'appelle Anush ».

À ces mots, Farhad blémit. Il resta paralysé comme s'il avait été piqué par un cobra. Puis, sans un mot, il se leva et se dirigea vers le château. Il parcourut les terrasses au milieu des superbes jardins jusqu'à l'entrée principale. Gravé dans la voûte, au lieu des lions rugissants traditionnels, il y avait un portrait de la princesse Anush caressant une colombe posée sur sa main. Car ce château avait été construit pour la douceur et le bonheur et non pour la cruauté.

Farhad pénétra dans son atelier, derrière le palais. Les marteaux, les ciseaux, les pics et les couteaux étaient soigneusement rangés. Il prit les outils, les caressa, puis il les reposa. Ils avaient été ses compagnons pendant des années, et aucun ne l'avait jamais trahi.

Le marteau le plus lourd, celui avec lequel il avait creusé la chambre forte pour les bijoux, reposait tout au bout de la rangée. Alors il le prit une dernière fois, sortit de l'atelier puis se dirigea vers l'une des terrasses. De là, Farhad avait une vue magnifique : des chaînes de montagne couvertes de neiges éternelles, des rivières sinuant entre les palmeraies, et, au loin, la région où il était né.

Il regarda une dernière fois ce paysage, puis lança le marteau très haut au-dessus de sa tête. L'outil prit de la vitesse, puis ralentit, et soudain tournoya comme un oiseau blessé avant de s'abattre sur la tête de Farhad qui fut tué sur le coup.

Son œuvre lui survécut et s'appela Anush, signifiant « la douce », du nom de celle qui avait trahi son cœur.

Ce chef-d'œuvre, né du roc comme par magie pour le bonheur des hommes, devint un enfer taché de larmes et de souffrance. En effet, les Persans le transformèrent en prison, destinée aux rois d'Arménie qu'ils tenaient en leur pouvoir.

Egil le scélérat

Au Danemark, sous le règne de Canut VI, l'intendant et vice-régent des propriétés royales de l'île de Bornholm mourut. Alors un homme dont le père, chevalier émérite, s'était lui-même illustré naguère par son courage et sa loyauté, se présenta au roi.

Le roi reçut le fils du chevalier avec la plus grande bonté. « L'intendant de mes états de Bornholm vient de mourir. Si tu le veux, cher Egil, tu peux lui succéder. C'est pour toi une grande chance, et cela me permettra de mettre ta fidélité à l'épreuve. »

« Votre Majesté sait parfaitement que je suis issu d'une famille honorable. Je ferai de mon mieux pour vous servir et vous donner satisfaction », répondit Egil avec reconnaissance. Il partit pour Bornholm la semaine suivante. L'inaction lui pesait car c'était un guerrier confirmé.

Bientôt, les voyageurs revenant de l'île eurent bien des choses à raconter. Ils affirmèrent qu'Egil se comportait à Bornholm comme un véritable prince.

Il avait réuni autour de lui une cour composée des guerriers les plus braves, il subvenait à leurs besoins et il les logeait dans sa résidence. Par ailleurs, il faisait construire une forteresse. Mais elle ressemblait surtout à un palais.

Le roi écoutait en silence ce compte-rendu. Dès lors, il regarda l'intendant de Bornholm avec plus de méfiance. « Egil semble vivre au-dessus de ses moyens. Son prédécesseur se conduisait avec beaucoup plus de modestie. » Après tout, l'île rocheuse de Bornholm n'avait jamais été très fertile, le bétail ne s'y plaisait guère et son peuple n'était pas habitué à voir l'intendant gaspiller autant.

Tandis que le roi était plongé dans ses réflexions, Egil donnait de grands festins.

Quand le printemps arriva et que les provi-

sions vinrent à manquer, son armée de brigands et de débauchés s'embarqua sur des bateaux à rames dont la proue était ornée de têtes de dragons. Ils traversèrent la mer Baltique pour gagner la Poméranie et attaquer les Wendes. Et malheureusement, les mercenaires d'Egil savaient aussi bien se battre que festoyer. Ils attaquèrent les bateaux des Wendes chargés de marchandises. Ils massacrèrent l'équipage et s'emparèrent de tout le chargement.

Les festivités reprirent de plus belle. Cette fois on fêtait une victoire navale sur l'ennemi.

Egil était très fier de l'organisation de l'île, et il ne tarda pas à envoyer ce message au roi :

« Faites-moi l'honneur, Canut, de venir me rendre visite à Bornholm. Il faut que vous voyiez de vos propres yeux combien j'ai à cœur de vous servir. »

Le roi accepta l'invitation, mais quelle ne fut sa surprise quand sa flotte jeta l'ancre près de l'île et débarqua sur la plage de Bornholm. Sur le chemin menant au château d'Egil, il ne vit que des terres en friche envahies de mauvaises herbes, au lieu de champs labourés et fertiles.

La forteresse que Canut avait visitée du temps de son précédent intendant, avait tellement changé qu'il la reconnaissait à peine. Elle avait une nouvelle tour et une salle de banquet. La grille était renforcée de part et d'autre par des tourelles reliées par une galerie couverte. En haut flottaient des drapeaux, et des hommes aux casques étincelants annonçaient l'arrivée du roi en soufflant de toutes leurs forces dans des cornes.

Une réception encore plus magnifique attendait les invités dans la salle de banquet. Le souverain était stupéfait par la richesse et la splendeur de la vaste salle. Des armes de toutes sortes étaient suspendues aux murs tapissés de boucliers étincelants. Les tables étaient chargées de mets délicats que le souverain lui-même n'aurait pas pu s'offrir, et des coupes étaient remplies d'hydromel odorant.

Canut goûta un peu de tout, but une bonne gorgée au pichet et dit : « Cet hydromel est vraiment excellent. Mais il a un goût très différent du nôtre. De quelle région de Bornholm provient cette viande d'ours fumée ? »

« De chez les Wendes, Votre Majesté », dit Egil, riant tout en essuyant sa barbe. « N'avons-nous pas droit à quelque butin de guerre? »

« Il ne faut pas confondre butin et pillage », répondit Canut. « Depuis quand les guerriers des rois de Danemark volent-ils des pots et des plats aux femmes dans leur cuisine, et de la viande séchée, de la farine et du miel dans leur garde-manger? Si les champs de Bornholm étaient correctement ensemencés et le bétail bien nourri, vous ne seriez pas en train de déshonorer le royaume en vous comportant comme des voleurs ! »

Egil pâlit, fronça les sourcils avec rage, et serra les poings sous la table. Cependant, il se tut. Quelques instants plus tard, le roi redevint plus calme, et le banquet se poursuivit dans la bonne humeur. Et il en fut ainsi pendant toute la durée du séjour du roi dans l'île.

Trois jours plus tard, avant de s'embarquer pour le voyage de retour, il salua poliment Egil. Mais avant de monter sur son bateau, il le prit à part et le mit sévèrement en garde :

« Souviens-toi que j'ai interdit à tous ceux qui ont l'honneur de servir le roi de se comporter comme des voleurs et des brigands. Telle est ma volonté et j'entends bien qu'elle soit respectée. »

Egil détourna son regard, et une fois de plus ne répondit rien. Mais, dès que les vents furent favorables sur la Baltique, il embarqua et alla dérober tout le chargement des bateaux des

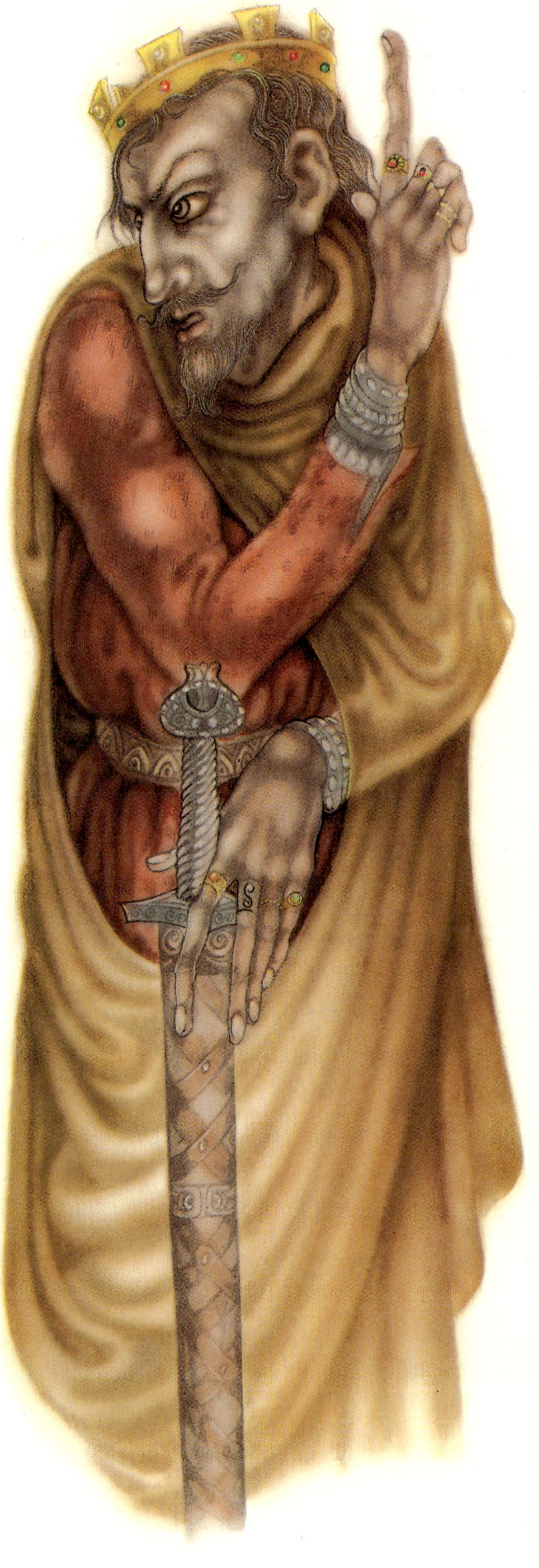

Wendes. En effet, les réserves de Bornholm étaient de nouveau vides. Quant à l'interdiction de Canut, elle avait été oubliée sitôt le roi retourné dans son royaume.

À son retour, Egil donna l'ordre de garder le secret sur l'expédition qu'il venait d'entreprendre. Mais il est bien difficile de demander aux gens de garder un secret. La nouvelle se répandit, et le roi Canut en eut connaissance. Il prit alors la ferme résolution de démettre Egil de ses fonctions. « Dès que j'aurai trouvé quelqu'un de plus honnête, je le remplacerai! »
C'est alors qu'un important navire marchand disparut entre Bornholm et le détroit d'Öresund. Il appartenait à de riches commerçants norvégiens et était chargé de marchandises.

Olaf, le roi de Norvège, commença à s'inquiéter de cette mystérieuse disparition, d'autant plus que les propriétaires du bateau comptaient parmi les hommes les plus respectés du royaume, et ils n'avaient jamais hésité à fournir des fonds au trésor royal. Le roi Olaf envoya tout d'abord un message à Canut, qui était son beau-frère, car le bateau avait navigué dans les eaux danoises. De plus, il était absolument impossible qu'il ait fait naufrage, car la mer était calme depuis de nombreux jours.

Canut décida de rechercher lui-même le navire. On prépara les bateaux de guerre les plus rapides avec, à leur bord, une importante armée encadrée par Canut et son frère Bénédict.

L'expédition mit les voiles sur Bornholm, car c'était là que le bateau avait été vu pour la dernière fois. Le rivage escarpé de Bornholm apparut enfin, ainsi que plusieurs petites îles. Ce n'étaient que des falaises, mais Canut ordonna de mettre le cap sur l'une d'elles et d'y jeter l'ancre.

Soudain, une angoisse l'envahit : que ferait-il s'il découvrait là des traces du bateau ?

Les marins débarquèrent et marchèrent péniblement sur la plage de galets. Tout à coup, dans une petite crique, ils découvrirent des pierres rouge sang ! Chacun se regarda, mais personne ne pouvait expliquer ce mystère. C'était probablement l'œuvre des fantômes des mers.

« Je crains que ce ne soit plutôt l'œuvre des hommes », dit le roi après quelques minutes de réflexion. Il ordonna d'un ton ferme : « À Bornholm ! La vérité sur la disparition du bateau norvégien doit éclater au grand jour », dit-il.

Le soir tombait quand ils atteignirent Bornholm et, selon les ordres du roi, ils débarquèrent dans le silence le plus complet. Même en plein jour, il aurait été impossible de les apercevoir car un énorme rocher s'élevait entre le château d'Egil et la plage. L'armée, le roi à sa tête, s'installa dans le plus proche des États royaux.

Le souverain prit à part son frère et deux commandants, Svend et Astrid. « C'est maintenant ou jamais », murmura Canut. « On entend jusqu'ici leurs cris et leurs chants. Comme d'habitude, Egil est en train de festoyer avec ses hommes. Prenez les meilleurs guerriers et amenez l'intendant à cette table pour qu'il soit jugé ! »

Obéissant aux ordres du roi, les commandants conduisirent leurs hommes au niveau de la grille d'entrée, et, après avoir écarté les sentinelles complètement ivres, ils encerclèrent le chalet de bois où se tenait le banquet. Svend et Astrid demeurèrent avec les hommes, et seul Bénédict entra.

« Le roi Canut vous demande, Egil ! » s'écria-t-il sur le seuil. « Il souhaite vous entretenir du bateau norvégien qui a disparu ! »

Si au même instant une lame de fond avait submergé la salle, Egil n'aurait pas été plus surpris. Il sauta de son siège comme un fauve, l'épée tirée, et il cria à ses hommes : « Aux armes ! »

Soudain les volets s'ouvrirent avec fracas, et les piques, les haches et les marteaux des hommes de Canut apparurent aux fenêtres. Les casques au-dessus des visages volontaires des guerriers brillaient au milieu des torches.

« Vous feriez mieux d'ordonner à vos hommes de se rendre, Egil », continua Bénédict, alors que le combat ne s'était pas encore engagé. « Allons voir le roi ! »

Comprenant qu'il serait stupide de s'opposer dans une lutte aussi inégale, Egil se rendit et fut

directement conduit auprès du roi. Pendant ce temps, Svend et Astrid restèrent au château pour empêcher les compagnons d'Egil de s'enfuir.

« Voilà longtemps que nous ne nous étions rencontrés, Egil », dit le roi. « Pourtant, je ne verrais pas d'inconvénient à ce que cette rencontre soit la dernière. »

« Comme vous le voudrez, Sire », répondit Egil. « Mais j'espère que vous ne pensez pas que l'on vous verra comme un meilleur souverain parce que vous aurez fait arrêter vos plus fidèles serviteurs comme s'ils étaient vos propres ennemis. »

« Les ennemis du roi Olaf qui ont brûlé les bateaux norvégiens sont aussi mes ennemis, Egil ! » tonna soudain Canut. Tout lui paraissait clair tout à coup. À vrai dire, quand il avait découvert ces curieuses pierres rouges près de Bornholm, il avait pensé que seule une intense chaleur pouvait en être la cause. Qu'est-ce qui aurait pu susciter une semblable fournaise si ce n'était l'incendie d'un grand navire tout en bois ? Et ici, qui d'autre qu'Egil aurait pu mettre le feu à un aussi grand navire ?

« Je n'ai aucune preuve contre Egil, si ce n'est sa mauvaise conscience. Si je me mets subitement à l'accuser, et s'il a réellement commis ce crime, son visage et son comportement le trahiront. » Telles avaient été les réflexions du roi durant son voyage de la petite île à Bornholm. Aujourd'hui, il constatait qu'il avait vu juste. En

entendant le discours du roi, Egil resta pétrifié, comme frappé par la foudre. Il n'avait jamais soupçonné que l'incendie laisserait des pierres incandescentes. Il était parti avec le butin avant que la bateau norvégien n'eût fini de brûler, fermement convaincu que la marée aurait complètement nettoyé le lieu de l'incendie avant le coucher du soleil. Abasourdi par cette accusation, il perdit complètement la tête. Il tomba à genoux, et se mit à raconter toute l'histoire au roi.

Canut écouta, les yeux baissés. Puis, après un long silence, il prononça la sentence :

« Egil, je constate que tu as largement profité de l'opportunité qui t'était offerte. Non en intendant fidèle à ma volonté royale, mais comme un vulgaire voleur, jusqu'à ce que ta vanité t'entraîne à commettre des actes de piraterie. Tu as choisi l'arbre auquel le bourreau va te pendre. Tu connais le châtiment prévu par la loi pour de tels crimes. »

La sentence fut exécutée le jour même dans la forêt voisine. Puis Canut pénétra dans le château avec son armée pour juger les hommes d'Egil. Personne ne demeura impuni, et comme le relatent les chroniques de l'époque, il détruisit à jamais le repaire des brigands de Bornholm.

Par quel stratagème fut construit le château de la Wartburg

On a appelé le château de la Wartburg « la perle de la Thuringe », tant il ressemblait à un bijou précieux posé sur l'écrin verdoyant des collines de la forêt de Thuringe. Il avait été construit neuf siècles auparavant par le landgrave Ludwig, et une ancienne légende explique quel ingénieux subterfuge permit sa construction.

En ce temps-là, Ludwig était l'un des seigneurs les plus en vue de la région. Cependant, ses voisins, les seigneurs de Frankenstein, étaient fort orgueilleux car leur domaine s'étendait jusqu'à Eisenach, ce qui était considérable pour l'époque.

La colline de Tafelberg se trouvait pourtant sur le territoire de chasse de Ludwig. Ce fut sur ses plateaux qu'il arriva un jour, monté sur son meilleur cheval, au cours d'une partie de chasse très animée. Or, juste au moment où il allait lancer sa pique, un superbe cerf sauta dans le sous-bois. Ludwig n'était pas homme à renoncer à un tel gibier à cause d'un malheureux taillis ! Il

poursuivit le cerf aussi vite que son cheval le lui permettait. Soudain, l'animal fonça, les cornes en avant, dans la rivière. Et avant que le chasseur n'ait eu le temps d'interrompre la course de son cheval pour lui faire prendre un chemin plus sûr, le cerf avait sauté sur l'autre rive. Le gentilhomme continua à poursuivre la brune échine qui tantôt s'évanouissait tantôt réapparaissait derrière le feuillage. Et il continua sans trêve sa poursuite, gravissant et redescendant les collines, jusqu'à ce que ses compagnons soient très loin derrière lui. Il finit même par perdre le cerf. Lorsque son malheureux cheval, écumant, réussit péniblement à gravir la colline suivante, Ludwig se sentit las d'une telle poursuite, et décida de rebrousser chemin.

Totalement émerveillé par le superbe paysage qui s'étendait à perte de vue, il oublia bientôt le cerf.

« Voilà une vue que j'aimerais avoir constamment sous les yeux », se dit le gentilhomme, « et je veux pouvoir en profiter de mes fenêtres. Pour cela, il faut que je fasse construire un château sur cette colline ! »

Pendant ce temps, les autres chasseurs, laissés loin derrière, l'avaient rejoint.

Le gentilhomme les accueillit en leur donnant cet ordre surprenant : « Vous amènerez ici, dès demain, un architecte d'Eisenach afin qu'il prenne les mesures pour construire des tours et un palais ! »

« Mais la colline ne fait pas partie de votre domaine, mon seigneur. En chassant le cerf, vous avez dépassé vos frontières, et vous êtes sur les terres des seigneurs de Frankenstein ! »

Ludwig blémit de colère. Tout le long du chemin le ramenant à sa résidence, appelée Schauenburg, il ne pensa qu'à la manière de reprendre l'avantage sur ses adversaires de toujours, les Frankenstein. Et, comme il franchissait la grille pour pénétrer dans la cour, il lui vint une idée. Le jour même, il fit couper six beaux sapins dans la forêt, et, de leurs troncs, on fit deux barrières de bois, peintes aux couleurs de ses armoiries.

Le lendemain, juste avant la nuit, un chariot partit du château et s'ébranla en silence vers le lieu où, la veille, Ludwig avait chassé le cerf. Des bornes et des poteaux débordaient du chariot. Des serviteurs silencieux chevauchaient à ses côtés, accompagnés de l'intendant du domaine, plus taciturne que jamais. S'il n'avait pas bougé la tête de temps en temps, on aurait pu croire qu'il s'était endormi sur sa selle.

Il faisait tout à fait nuit quand ils atteignirent l'endroit qui avait tant séduit leur seigneur. Ils

descendirent le chargement du chariot, et le montèrent au sommet de la colline. Là, ils assemblèrent les barrières peintes, et repartirent tôt le matin, encore protégés par l'obscurité.

À midi, l'intendant fut en mesure d'annoncer au château de Schauenburg que les barrières avaient été posées exactement à l'endroit désiré.

« Je n'ai pas l'habitude de contredire vos ordres, mais vous savez aussi bien que moi que les Frankenstein ne permettront à personne d'occuper la moindre parcelle de leur terre », ajouta enfin l'intendant.

Et il n'avait pas tort : quelques jours plus tard, un messager des Frankenstein arriva à Schauenburg au galop, porteur d'une lettre se terminant ainsi : « Que signifient ces barrières que vous avez posées sur notre colline ? »

Le prince Ludwig dit, en tirant sur sa ceinture : « Allez dire à vos maîtres que je n'ai fait que rectifier une ancienne erreur. Cette colline appartenait jadis à ma famille, et ce fait était tombé dans l'oubli. »

Les seigneurs de Frankenstein répondirent en intentant une action en justice. Et, après avoir entendu les deux plaignants, la Cour rendit le verdict suivant :

« Si douze chevaliers vertueux jurent que la parcelle de terre fait effectivement partie du domaine du seigneur Ludwig, elle lui sera définitivement attribuée. »

Ludwig revint de l'audience, le cœur serré. Il était bien placé pour savoir que la colline à la vue superbe n'avait jamais appartenu à sa famille, histoire qu'il avait inventée de toutes pièces. Certes, il aurait bien pu trouver douze chevaliers parmi ses vassaux, mais un chevalier émérite ne peut se parjurer.

« Je veux simplement construire un château sur cette colline où la vue est si belle ! » s'écria Ludwig en donnant un grand coup de poing sur la table. Il arracha l'arc suspendu au mur, et se dirigea vers la mare pour chasser les canards sauvages et se changer les idées.

C'était en longeant le ruisseau que l'on accédait le plus facilement à la mare. D'épais bouquets de saules en bordaient les rives. Le prince était même souvent obligé de se frayer un chemin à travers les longues tiges d'osiers. Mais soudain, une idée lui traversa l'esprit. « N'y a-t-il pas assez de paniers, des paniers d'osier, et des paniers de bât, faits de ce bois béni dans le château et dans les fermes ? »

Le jour même, il fit proclamer que le lendemain, à la tombée du jour, tous les serfs du voisinage, avec leurs attelages de bœufs et tous leurs paniers, leurs paniers d'osier et leurs paniers de bât, devraient se tenir le long du fossé. Il leur faudrait creuser celui-ci et le débarrasser de la terre enlevée !

Ce matin-là, Ludwig surveilla lui-même les travaux afin que tout soit exécuté comme il l'avait ordonné. Les paniers emplis de terre passaient de mains en mains, étaient vidés dans le chariot et revenaient vides au fossé. Quand les chariots étaient pleins, ils se mettaient à gravir le chemin qui menait au sommet de la colline.

Les douze vassaux, conduits par leur seigneur, doublèrent les voitures au galop : Ludwig leur avait promis avec un sourire énigmatique qu'une agréable surprise les attendrait sur une colline de la forêt de Thuringe. La vue superbe du sommet était en elle-même une surprise, les tables chargées de nourriture et de boissons, magnifique fête sous le soleil doré d'octobre, en était une autre. Tandis que les chevaliers festoyaient de bon cœur, les serfs montaient au sommet les premiers paniers qui venaient d'arriver au pied de la colline. La couche de terre brune était de plus en plus épaisse.

À moitié ivres, les chevaliers, curieux, se levèrent de table, et commencèrent à escalader le tas de terre. « Est-ce parce que les collines des terrains de chasse des Frankenstein sont trop basses, Sire, que vous voulez les surélever ainsi? »

Ludwig riait de bon cœur avec eux; il ne voulait vraiment pas jouer les trouble-fêtes. « N'ayez pas peur, compagnons. Ce sont mes terres que vous foulez. En effet, n'est-ce pas la bonne terre de Schauenburg que les chariots ont apportée? »

« C'est vrai, Sire, nous sommes sur vos terres », s'écrièrent les chevaliers en piquant leur épée dans le monticule. « Nous pouvons jurer au monde entier que nos épées s'enfoncent dans votre terre jusqu'à la garde ! »

Plaisanterie ou pas, un serment est un serment : aucun chevalier ne revint sur sa parole devant la Cour de justice. C'est ainsi que la colline fut reconnue propriété de Ludwig. Les chariots qui avaient monté la terre n'avaient plus maintenant qu'à transporter les pierres. Les murs du château, les tours de guet, ainsi que la citadelle s'élevèrent rapidement et on l'appela le château « la Wartburg ».

On reconnaît volontiers que l'astucieuse ruse de Ludwig a permis de construire le château. Dans la cour, des chansons naïves, accompagnées du doux son des luths, résonnent. Car le petit-fils de Ludwig, grand amateur d'art a fait de la Wartburg, un lieu de réunion des chanteurs et des meilleurs poètes d'Allemagne.

Le Trou du Gobelin

Les seuls vestiges encore existants du château de Mortain, situé en bas d'une colline de Normandie, sont une voûte en briques et un mystérieux trou noir menant sous terre. Les habitants du pays l'appellent le Trou du Gobelin, et selon un ancien dicton : quiconque tombe dans le Trou du Gobelin, jamais sur terre ne revient.

En ce temps-là, Sir Guillaume de Mortain possédait et administrait le château. Il était connu pour son extraordinaire cruauté dans les combats, et cette réputation l'aidait souvent à obtenir la victoire. C'était d'ailleurs avec la même cruauté qu'il administrait son domaine. Sa convoitise et ses fantaisies étaient toutes puissantes, et, dans le royaume, rares étaient ceux, paysans ou chevaliers, qui ne gardaient en mémoire un souvenir cuisant de son insolence. Sa propre épouse n'échappait pas à la règle. Après de longues années de vie commune, la pauvre femme mourut, rongée par le chagrin. Mortain, lui, était toujours plein d'entrain. Il tortillait sa moustache comme le faisaient les soldats, et il sifflait des marches militaires, car, à vrai dire, il ne connaissait rien d'autre.

À peine fut-il veuf qu'il décida de se remarier le plus tôt possible. Aussi se mit-il en chasse. Cette fois, le gibier n'était pas le lièvre ou le cerf, mais plutôt les jeunes filles de bonne famille... Bien qu'il ne soit plus de première jeunesse et que ses cheveux ressemblent à une touffe d'herbe sèche en hiver, il était si difficile que nulle ne trouvait grâce à ses yeux : aucune des jeunes filles nobles en âge de se marier n'était à son goût. Il parcourut toute la région en s'aventurant chaque jour plus loin, jusqu'au moment où il arriva dans un village où se trouvait un modeste château. Il attacha son cheval à la grille, puis entra pour demander un verre d'eau.

Cependant, quand la fille du châtelain apparut, portant un plateau et un pichet d'étain, il oublia sa soif et resta pétrifié, comme s'il avait eu une apparition.

En effet, Yolande était si belle qu'elle aurait facilement pu être couronnée reine de beauté de Normandie.

« J'aime votre fille », dit Mortain au châtelain, « je l'épouserai dans l'église de Mortain avant la saison des prunes. »

C'était maintenant au tour du châtelain d'être stupéfait. En effet, bien qu'étant le père de Yolande, il était plus jeune que le prétendant lui-même ! Il essaya de convaincre Mortain de renoncer à cette idée : sa fille, plaida-t-il, était encore très jeune et ne pensait pas du tout au mariage. Néanmoins, il était difficile de raisonner un seigneur dont la cruauté faisait trembler tous les habitants de la région. Après tout, le châtelain n'était qu'un de ses vassaux.

« Vous voulez dire que vous êtes incapable de faire entendre raison à votre fille ? » s'écria Guillaume de Mortain. « Assez de bavardages inutiles, je suis pressé. Demain je la ferai chercher. Ne vous faites pas de souci pour son trousseau et sa dot. De toute façon, je sais que vous êtes pauvre comme un rat d'église ! » Il émit un ricanement en guise d'au revoir, et enfourcha son cheval, qui, partant au galop, souleva un nuage de poussière que le châtelain reçut en plein visage.

Quand la jeune fille apprit la nouvelle, elle devint pâle comme un linge. Puis elle déclara

d'un ton décidé : « Je n'épouserai jamais Guillaume de Mortain. Je ne lui appartiendrai jamais. »

Le châtelain baissa la tête pour qu'elle ne voit pas le rouge de la honte envahir son visage. Il ne trouva rien à opposer au refus de sa fille, tant il était honteux de sa propre lâcheté, mais son inquiétude pour ce qui se passerait le lendemain était de plus en plus grande. Néanmoins, quand les serviteurs de Mortain arrivèrent au matin avec le carrosse, Yolande dit au revoir à son père sans un mot de reproche et sans la moindre larme.

« Elle veut m'épargner la vengeance de Mortain, elle m'aime donc plus que je ne le pensais. Pourquoi un tel malheur s'est-il abattu sur notre manoir? » se lamenta le châtelain comme le carrosse disparaissait dans les profondeurs de l'allée. Il resta debout, immobile, regardant la route, et des larmes coulaient sur ses joues : « Pardon ma fille, pardon ! »

Guillaume de Mortain accueillit Yolande dans sa résidence en lui faisant une cour empressée. Il avait fait préparer, à son intention, les appartements de la tour principale, qu'il avait garnis de riches brocarts et de précieux bijoux.

« Les femmes adorent les vêtements raffinés. Elle ne résistera pas à de tels cadeaux. Elle succombera sans tarder, et sera alors ravie d'épouser le seigneur le plus puissant de la région », murmura Guillaume de Mortain avec orgueil.

Mais Yolande ne daigna même pas jeter un regard aux coffres. Et plus le seigneur du château la pressait de répondre à son attente, plus elle tournait vers lui un visage de glace.

« Très bien », dit enfin Mortain, quand il se

rendit compte que tous ses efforts étaient vains. « Je vois qu'il vous faut un certain temps pour retrouver vos esprits. En attendant, vous resterez enfermée dans la tour, ce sera votre prison. »

Chaque jour, Mortain allait à la tour, pressant continuellement la jeune fille de devenir sa femme. Mais ce fut peine perdue, car il n'obtint rien de plus.

Et comme il n'était pas homme à patienter indéfiniment, il annonça un jour à Yolande : « L'été tire à sa fin, et j'ai prévenu votre père que nous serions mariés avant la saison des prunes. Je n'ai pas l'intention de perdre mon temps en vains bavardages. Dans cinq jours très exactement, l'aumônier du château nous mariera à l'église du village. »

La jeune fille se leva de sa chaise, et lui lança un tel regard de défi et de colère que Guillaume de Mortain fit un pas en arrière.

« Vous êtes plus pâle qu'un cierge funéraire », dit-il. « À partir de demain, je vous autorise à sortir de la tour et à aller jusqu'au verger. Pour la cérémonie, vos joues seront redevenues roses comme les pommes de mes arbres. »

La jeune femme eut du mal à dissimuler son émotion : l'espoir fugace de recouvrer la liberté brillait dans ses yeux.

Mortain fit semblant de n'avoir rien vu, mais ajouta aussitôt : « Ne vous inquiétez surtout pas pour votre sécurité. Ma propriété est entourée de remparts, assez hauts pour empêcher quiconque aurait l'idée de vous enlever de s'introduire à l'intérieur . . . »

Le jour suivant, quand Yolande sortit enfin de la tour, elle respira avec bonheur l'air frais du matin, écouta le doux chant des oiseaux, et s'enivra du parfum des fleurs multicolores. Dans le verger, elle admira les pommes, belles comme seule la Normandie sait en produire, puis, plongée dans ses pensées, elle continua sa promenade matinale.

Le château était vraiment très vaste. Au bout d'un moment, elle se retrouva loin des murailles, dans un endroit où les herbes folles, les buissons et un vieil arbre s'étaient développés dans un inextricable enchevêtrement. Tout à coup, dans un craquement sourd, de vieilles branches cédèrent sous son pied, qui resta coincé dans un trou recouvert d'herbe. Après avoir soigneusement écarté les ronces, elle vit, à quelques pas, une ouverture en forme de voûte dans le sol, à laquelle on accédait par d'étroites marches à demi enfouies. Elles disparaissaient dans les profondeurs obscures comme si elles menaient aux entrailles de la terre. Yolande posa prudemment le pied sur la première marche, puis sur la seconde . . . jusqu'à ce qu'elle arrive dans un étroit passage.

Des gouttes glacées tombaient de la voûte de pierre. Soudain, le visage de la jeune fille fut enveloppé par une forte odeur de moisi. Devait-elle poursuivre ou rebrousser chemin ? Elle décida de continuer et d'avancer vers l'inconnu, même si cette voie devait mener directement en enfer.

Elle se fraya un chemin à tâtons, marche après marche, et au moment où elle désespérait d'en voir la fin, elle aperçut au loin une pâle lueur. Comme elle s'approchait, elle se rendit compte qu'il s'agissait de la lumière du jour brillant au travers des branches pendantes. Elle avait atteint son but, elle se trouvait à l'autre bout du passage.

En écartant les branches, elle vit apparaître une clairière verdoyante. Tout autour, à perte de vue, s'étendait une profonde forêt aux reflets bleutés. À la lisière de la clairière se trouvait une petite maison avec une étable. Un peu plus loin, près du ruisseau, elle vit une femme

qui lavait son linge. Yolande descendit la colline en courant.

« Que faites-vous là, ma chère enfant ? Comment avez-vous réussi à traverser les bois et les marécages ? » s'étonna la vieille femme. « Savez-vouz que je ne vois pratiquement personne de toute l'année? »

Alors Yolande lui conta toute l'histoire : le passage souterrain, Guillaume de Mortain, et les raisons de son évasion.

La vieille femme regarda Yolande au fond des yeux. « Je vous crois », dit-elle au bout d'un moment. « Vous allez loger ici, dans ma maison, je suis sûre que tout va bien se terminer. »

Pendant ce temps, les gardes de la tour de guet et des remparts du château sonnaient l'alarme :

« Mademoiselle Yolande n'est par revenue de sa promenade. Elle a disparu, elle s'est enfuie ! »

Mortain se mit à courir partout, comme un chien enragé, fouillant les cours, le jardin, le verger, et les hautes herbes le long des murailles! Il découvrit enfin un morceau du voile de Yolande. Mortain se précipita, et vit très distinctement que quelqu'un s'était frayé un passage. Des feuilles et des branches écartées, une sombre ouverture, et sur les marches, l'empreinte d'un petit pied. Mais comment aurait-elle pu s'échapper par là puisque le passage souterrain était bloqué. En effet, sous le règne du père de Guillaume, le plafond s'était effondré!

N'y tenant plus, Guillaume de Mortain se rua dans les escaliers . . .

Le lendemain, avant le lever du jour, les domestiques munis de torches partirent à la recherche de leur maître qui n'était toujours pas rentré.

À l'aube, ils arrivèrent devant un trou entouré de broussailles. Certains d'entre eux y descendirent : « Il n'y a que quelques vieilles pierres et de la pourriture, rien d'autre ! »

Depuis ce jour, on ne vit plus jamais l'arrogant seigneur du château. Des années plus tard, les habitants de la région baptisèrent le ravin le Trou du Gobelin.

Et qu'advint-il de Yolande, me direz-vous ? Peu de temps après cet événement, elle put rejoindre son père. La vieille femme l'avait guidée le long d'une allée secrète, jusqu'à ce qu'elle aperçoive au loin son manoir. Alors elle avait disparu dans la forêt comme si elle n'avait jamais existé.

Le château de Koprivnica

Près de la ville de Koprivnica se trouve encore de nos jours une montagne appelée « le Vieux Château ». Ce nom est tout à fait légitime car le château légendaire du prince Marko s'y trouvait autrefois. Son règne a laissé un souvenir particulièrement vivace dans tous les Balkans. C'était un souverain très attentif au bien-être de ses sujets, ne tolérant pas qu'ils souffrent de la faim, et les défendant courageusement contre les expéditions dévastatrices des Turcs.

Au cours de sa vie, il avait toujours fait montre d'un grand sens de l'amitié. Aussi, son regard brilla-t-il de colère, quand un messager vint un jour au château lui annoncer que trois de ses meilleurs amis avaient été faits prisonniers par les Turcs.

Il ordonna au palefrenier de seller Sharac, son meilleur cheval, puis il fit dresser la table pour le souper.

« Pourquoi partir si tôt, mon cher époux », demanda Hélène, sa femme, quand ils furent assis à table où le plat favori du prince était préparé: du riz dans un énorme plat d'argent et trois pommes aussi grosses que des potirons.

« Cette nuit même, Hélène, je vais aller à Varazdin pour libérer mes amis des prisons turques. Ils ont réussi à me faire parvenir un message secret. Ils doivent attendre que je vienne les libérer de leurs chaînes. »

Après cette déclaration, le prince se jeta sur la nourriture et en engloutit une quantité telle qu'elle aurait suffi à nourrir un simple mortel pendant toute une semaine. Il but un baril de vin, enfonça un bonnet en fourrure de loup, orné d'une plume argentée, sur ses cheveux bruns et dit à sa femme :

« Je ne sais pas combien de temps va durer cette expédition, car les Turcs tiennent Varazdin avec une puissante armée. Alors je laisse la gestion du territoire entre vos mains, Hélène. Soyez une honnête administratrice et une bonne reine, et surtout, prenez garde que notre peuple ne s'appauvrisse pas davantage. N'imposez pas un sou de taxes supplémentaires. À mon retour vous devrez me rendre compte de la situation, ne l'oubliez pas ! »

Le prince quitta le château en toute confiance. La ville de Varazdin et ses environs fourmillaient de Turcs, et les murs de la prison étaient aussi épais que ceux d'une forteresse ; mais Marko n'était-il pas assez vigoureux, son épée assez puissante, et son cheval ne lui était-il pas fidèle jusqu'à la mort ? C'est alors que Marko se souvint comment Sharac, en lui faisant un bouclier de son corps, l'avait un jour sauvé de la mort. À cette idée, il fut envahi par un tel sentiment de gratitude, qu'en descendant les pentes escarpées, il sauta de la selle pour soulager l'animal.

Et dans les prés qui bordent le lac, Sharac put boire la traditionnelle gorgée de vin du barillet, et son maître n'oublia pas non plus d'étancher sa soif. Mais ce n'était pas seulement pour Sharac que Marko faisait une halte à cet endroit. En effet, le lac était le lieu de résidence d'une nymphe des eaux qui avait le don de divination.

« Sors de l'eau, petite sœur », supplia le prince à mi-voix. Il savait que les fées avaient de petites oreilles très sensibles, comme si elles étaient en soie, et qu'elles ne supportaient pas qu'on leur parle trop fort. « Sors de ton royaume des ondes, et dis-moi quand je reviendrai de ce voyage ? »

Un petit nuage de brume s'éleva en tourbillonnant au-dessus du lac, puis une lueur fluorescente en émana, et tout à coup, une jeune fille aux cheveux d'or apparut devant le prince, un sourire triste sur le visage.

« Tu vas subir de nombreuses attaques et affronter de multiples batailles avant que tes amis ne sortent de prison ! Il se passera plus de trois ans avant que les gardes de ton château ne te fassent un accueil triomphal ! »

Marko hocha tristement la tête. Au même instant, il sentit que la fée l'effleurait de la paume de la main. Cette caresse était plus douce que la brise tiède qui monte du lac par les nuits d'été. « Tu te plais à dire que tu as un don que seuls les chiens et les enfants possèdent. En effet, quand ceux-ci prennent la fuite, les gens les attaquent aussitôt et s'élancent à leur poursuite. Mais il faut prendre garde au moment où l'enfant ou le chien se retourne et fait face à ses poursuivants ! Ceux-ci sont alors obligés de battre rapidement en retraite quel que soit leur nombre. »

Le prince se contenta de sourire, puis il se mit en selle et partit en direction de ses amis . . . et de ses ennemis.

Pendant ce temps, Hélène, sa femme, ne pouvait dormir sur ses deux oreilles. Longtemps elle avait envié la gloire héroïque de son mari, et elle attendait avec impatience l'occasion de le surpasser. N'était-ce pas le moment de saisir sa chance maintenant qu'il était parti?

« Il préfère laisser ses serfs s'enrichir que de

s'enrichir lui-même. Les coffres du château sont presque vides aujourd'hui. » Et elle décida que dès le lendemain, elle augmenterait d'un sou les impôts de tous les serfs. « Je vais bien voir quel profit je vais en tirer. »

Ainsi fut fait. Et aussi incroyable que cela puisse paraître, au bout de trois ans, les pièces ainsi accumulées constituèrent une telle masse d'argent que les coffres débordèrent, et que la chambre forte du trésor fut emplie jusqu'au plafond.

Pendant ce temps, Marko avait réussi à libérer ses amis de prison, et songeait enfin, après de nombreuses batailles et maintes aventures, à rentrer au château. La prophétie de la nymphe des eaux s'était réalisée.

« Avez-vous gouverné le royaume avec justice », demanda le prince à sa femme après leurs retrouvailles. « Avez-vous bien administré les terres ? »

« Venez avec moi et vous verrez de vos propres yeux », dit Hélène pour toute réponse, et elle le conduisit dans la salle du trésor. Marko resta muet de stupéfaction.

« Votre règne sur ces terres a été long, mon cher époux », dit Hélène d'une voix empreinte de fierté. « Et pendant tout ce temps, vous avez été incapable d'amasser, par une gestion sérieuse, ne serait-ce qu'une petite partie de ce que j'ai réunie en trois ans. Et tout ceci en augmentant simplement d'un sou les impôts des serfs ! »

« Que dites-vous ? » s'écria le prince en blémissant. « Vous avez enfreint mon interdiction ! Cet argent a été gagné à la sueur du front de mes sujets ? Maudite soit votre cupidité, et soyez vous-même maudite, et avec vous ce château tout entier puisqu'il abrite dans ses murs le fruit de ce vol honteux ! »

À ces mots, un roulement de tonnerre retentit, une lueur blafarde embrasa le ciel, le rocher en bas du château se fendit en deux, et l'ensemble de la construction s'évanouit à jamais dans les profondeurs de la montagne. Seul, le prince Marko, monté sur Sharac, son fidèle cheval, quitta ce paysage d'apocalypse afin de continuer à apporter son soutien au peuple des Balkans si cruellement éprouvé.

Comment le seigneur de Montferrand devint troubadour

Dans le monde, les comtés sont nombreux. La France peut mieux que tout autre pays, se glorifier de l'un de ses comtés. Il est situé en Auvergne qui, aujourd'hui encore, est l'une des plus belles régions de France. Cependant, en ces temps immémoriaux, c'était encore une région rude et montagneuse, et ses habitants étaient obligés de lutter quotidiennement contre la pauvreté, ce qu'ils faisaient avec honneur et fierté.

Le seigneur et maître du comté possédait lui aussi des qualités, comme le rapporte l'histoire. Cependant, son fils ne pouvait espérer hériter d'un trône quelconque. Pourtant le château de Montferrand, dont le souvenir subsiste encore dans le nom de la ville de Clermont-Ferrand, avait vraiment l'air d'une résidence royale, et le seigneur du lieu menait grand train.

Il donnait des fêtes magnifiques durant lesquelles se produisaient les meilleures musiciens et les meilleurs jongleurs. Et dès le printemps, la vaste prairie qui s'étalait en contrebas du château, résonnait des clameurs des tournois chevaleresques. Les beaux messieurs et les belles dames des alentours se trouvaient réunis là à cette occasion. D'immenses tentes offraient des rafraîchissements, des pavillons richement décorés ainsi que des palissades rutilaient de couleurs chatoyantes, les banderoles se détachaient sur un fond de ciel bleu. Les chevaliers sur leurs destriers s'efforçaient de désarçonner leur adversaire avec de longues lances. Le comte d'Auvergne adorait organiser des tournois, et il était l'un des concurrents les plus prisés. Néanmoins, ce qu'il préférait était distribuer les prix :

« Des coupes d'argent ? C'est le lot de consolation le plus insignifiant que je donne au vaincu lors de mes tournois ! » se gaussait-il quand il apprenait qu'un châtelain voisin distribuait ce prix à titre de récompense.

Et en effet, quand il organisait des joutes, les

vainqueurs recevaient couramment des épées en acier de Damas, des harnais incrustés d'or, des ceintures garnies de pierreries… Le seigneur de Montferrand allait jusqu'à Gênes en Italie et dépensait des sommes considérables pour se les procurer.

Les tournois coûtaient au comte d'Auvergne encore plus cher que les fêtes, mais ce n'était pas le plus onéreux de ses plaisirs. « Je donnerais ma dernière chemise », avait-il coutume de dire en plaisantant autour d'un verre de vin, « pour un bon troubadour. »

Le château était à présent empli de poètes et de chanteurs. Et le comte d'Auvergne était un auditeur des plus attentifs mais aussi l'hôte le plus généreux : ces hommes pouvaient s'installer à leur guise à Montferrand et y rester aussi longtemps qu'ils le désiraient. Ils buvaient et chantaient jusqu'à ce que la flamme des bougies vacille, et le jour de leur départ, ils emportaient des bourses emplies de pièces d'or pour les récompenser de leurs talents.

Comment s'étonner après cela que le trésor du comte en vînt à s'épuiser ? Pourtant, il ne s'en inquiétait pas outre mesure. Il y avait toujours un volontaire pour prêter de l'argent au propriétaire d'un château aussi imposant. Ainsi les dettes s'accumulèrent-elles au point que le comte lui-même ne savait plus très bien ce qu'il devait. Ses débiteurs, eux, avaient calculé jusqu'au dernier sou : un jour, la dette du comte s'éleva très exactement au montant de ses forêts, de ses champs, de ses prairies, de ses villages et de l'ensemble de son domaine.

Le comte devait choisir : faire de la prison, ou vendre sa propriété pour éponger ses dettes. Il vendit.

Maintenant, il ne lui restait plus que son château. On n'entendait plus aucun son de réjouissance sortir de la salle des banquets. Maintenant que le seigneur du lieu n'offrait plus qu'un modeste salaire de paysan et un pichet d'eau, ses nobles voisins évitaient le château de Montferrand. Un silence empli d'amertume s'instaura à l'intérieur des murs nus, et la grille de la cour demeura fermée à double tour. Le comte d'Auvergne vécut désormais en reclus.

Seul, Martial, son gouverneur, lui restait fidèle comme toujours, et écoutait patiemment ses lamentations.

« Un ami dans le besoin reste un ami néanmoins, j'apprécie ce dicton bien plus que tous les trésors du monde », méditait tristement le seigneur du château. « C'est seulement maintenant que je comprends, Martial, que tu es mon seul véritable ami. »

« Il y a un autre proverbe, Sire, qui dit : il est inutile de pleurer sur le lait renversé ! » répondit Martial. « Reprenez-vous, et montrez à vos faux amis qu'aucun revers de fortune ne peut abattre le comte d'Auvergne. Continuez à les combattre au cours des tournois, en réalité, la rançon du vaincu sert souvent à ne pas être mis à l'écart. »

« La rançon ? » reprit le seigneur du château d'un air pensif. « La rançon de la victoire ! » cria-t-il exultant cette fois, et il embrassa son gouverneur avec joie. « Merci pour le conseil Martial, merci mille fois ! Je viens d'avoir une idée qui va me permettre de reconquérir mon vaste domaine ! »

Les sombres pensées s'évanouirent avec le vent du château de Montferrand. Et l'on entendait résonner dans la cour maintenant, jour après jour, les coups donnés par le bras vigoureux du comte dans le sac de cuir rembourré qui pendait le long du mur du rempart. Le seigneur de Montferrand apprenait intensivement l'art de la joute.

Depuis qu'il avait cessé d'organiser des tournois, d'autres le faisaient à sa place. Ces joutes alimentaient toutes les conversations du voisinage. En effet, un nouveau chevalier gagnait victoire sur victoire. Un casque orné d'une visière lui couvrait entièrement le visage, et nul ne savait qui il était. À la différence des autres, il ne combattait pas pour la gloire ou pour susciter l'admiration des dames. Quand il désarçonnait son adversaire, il mettait la pointe de son épée sur sa poitrine. Selon une ancienne règle du tournoi, le vainqueur avait droit de vie ou de mort sur son adversaire. Et le vaincu était censé se rançonner lui-même avec une bourse bien garnie de pièces d'or pour ne pas être éventré par l'épée.

Ainsi le chevalier inconnu réglait-il le prix de la victoire de tous ses tournois, et en son absence, les joutes n'attiraient plus de spectateurs.

Or un jour, le chevalier inconnu réussit à désarçonner le plus riche gentilhomme du pays. La rançon fut augmentée en conséquence : le vaincu échangea sa vie sauve contre une rançon trois fois supérieure à celle qui était habituellement pratiquée. Le mystérieux vainqueur ne se contint plus. Il enleva son heaume et s'adressa aux personnes de qualité : « Aujourd'hui j'ai gagné par ma victoire toute la ville de Clermont et ses environs ! » Les spectateurs médusés se levèrent de leurs sièges, ils reconnurent le chevalier inconnu, leur voisin, le comte d'Auvergne ! Il avait reconquis son vaste domaine grâce à ses victoires. Avec le montant de la rançon, il racheta la forêt, le manoir, la ferme et ses moutons, le moulin du manoir, et avec le prix gagné le jour même, il reconquit jusqu'à la dernière partie de sa propriété.

Ses nobles voisins ne cessèrent de le louer, et ils envoyèrent des lettres et des messages à Montferrand : le comte ne devrait-il pas fêter

la récupération de ses terres par un banquet amical avec eux, ses anciens amis ? Ils attendaient tous avec impatience son invitation.

Cependant, le comte d'Auvergne n'envoya pas de réponse. Il passait de longues soirées à parler avec son fidèle Martial, et de plus en plus souvent, il lui arrivait de prendre son luth, suspendu au mur derrière sa tête. Il caressait les cordes de ses doigts, et bientôt le premier chant résonnait sous les voûtes de la salle des banquets.

Jusqu'à une heure tardive, le seigneur du château et son gouverneur avaient coutume de chanter, jusqu'au jour où la nouvelle de la disparition soudaine du comte se répandit. Son gouverneur Martial aurait pu donner quelques explications quant à sa retraite, mais il s'abstint de tout commentaire malgré les questions pressantes de ses nobles voisins.

La vérité finit par se faire jour. Un étudiant vagabond, un mendiant comme il y en avait tant en France en ce temps-là, apporta un jour une grande nouvelle : en Touraine, un nouveau troubadour faisait le tour des châteaux, et son talent ne le cédait en rien aux plus célèbres chanteurs-compositeurs de France, c'était un homme exceptionnel ! En tout cas, il avait l'air de connaître de nombreux seigneurs qui semblaient être de bons vieux amis, et il se disait porteur du sang des héritiers du trône ; quelle merveilleuse histoire !

C'était le comte d'Auvergne bien sûr, de qui d'autre aurait-il pu s'agir ? L'histoire se répandit de bouche à oreille, et elle était vraie.

C'est ainsi que le comte entra dans la légende. Il était l'homme qui avait préféré errer de château en château comme troubadour, plutôt que d'organiser des fêtes dans son propre château et subir les accolades de ses prétendus amis.

L'émir et l'astrologue

La ville de Grenade et ses environs, au temps où l'Espagne était aux mains des Maures, étaient gouvernés par l'émir Eben Habuz. Sa barbe et ses cheveux grisonnants attestaient son âge respectable. Son plus cher désir était désormais de passer l'automne de sa vie, en profitant de chaque instant, dans la paix et la sérénité.

Cependant, au nord de son royaume, la rébellion couvait parmi les chevaliers et les princes qu'il avait rudement malmenés pendant son règne. Ils n'avaient oublié ni sa cruauté, ni le fait que la terre de Grenade avait jadis appartenu à leurs ancêtres. Ils croyaient en Dieu et en Jésus, et non en Allah et son prophète Mahomet comme les Maures. On reconnaissait les Espagnols à leur teint clair, à leurs moustaches retroussées, et à leur ardeur au combat.

Presque chaque jour, ils trouvaient le moyen de se faufiler à travers la montagne ou de franchir la barrière des gardes de l'émir. Puis ils mettaient à sac un riche manoir, faisaient des prisonniers, et, toujours sans être vus, regagnaient leurs places fortes sur l'autre versant de la montagne.

Leurs attaques incessantes ne laissaient aucun répit à l'émir Habuz. « La capitale est située dans la vallée, au pied des montagnes, comme une proie dans les mâchoires d'un fauve. Qu'arrivera-t-il si les Espagnols descendent un jour de leurs montagnes escarpées ? Avant que la garnison de Grenade ne réussisse à mettre les envahisseurs en déroute, ils auront occupé la cité tout entière, et mon palais lui-même n'y échappera pas. Ils me feront prisonnier, et étendront leur souveraineté sur l'ensemble du territoire. »

Désespéré, l'émir se perdait dans ses réflexions, et regardait les crêtes rocailleuses avec une anxiété grandissante. Les silhouettes qui se découpaient au-dessus de la ville lui paraissaient menaçantes. Si seulement il avait pu savoir, ne serait-ce qu'une demi-journée à l'avance, si l'ennemi n'était pas en train de préparer un assaut.

En ces temps troublés parut à la cour un homme, dont la longue barbe blanche atteignait la ceinture. Il se présenta comme un médecin venu tout droit d'Égypte. Cependant, la canne richement travaillée qu'il tenait à la main suggérait plutôt qu'il était un expert en astrologie et en sciences occultes. La canne était entièrement décorée de symboles magiques. Mais le plus étrange était son regard qui semblait transpercer quiconque le fixait, comme s'il avait eu le don de voir à travers.

L'astrologue Ibrahim, tel était son nom, avait, disait-on, mis au point un élixir de jouvence éternelle, et de plus, savait lire dans les étoiles. Bien entendu, l'émir Habuz n'hésita pas à offrir à cet hôte de marque, une suite composée des meilleurs appartements du palais. Cependant, Ibrahim déclina très poliment l'invitation et demanda seulement s'il pouvait s'installer dans une grotte, située au flanc de la colline, tout près de la ville. L'émir accepta. Alors, Ibrahim prit possession d'une large pièce avec un trou au plafond lui permettant d'observer les étoiles, et les artisans de la ville lui fournirent des alambics, des flacons de laiton, de cuivre ou de verre et toutes sortes d'autres ustensiles.

L'émir aimait beaucoup visiter la grotte. Il regardait avec curiosité la progression des expériences, bien que n'ayant guère de connaissances dans ce domaine.

« Vous avez réalisé de bien belles choses », dit-il en poussant un profond soupir, un jour qu'il rendait visite à Ibrahim. « Les instruments qui sont orientés vers le trou du plafond sont destinés, je suppose, à prévoir les mouvements des étoiles . . . Alors que moi, je ne suis même pas capable de prévoir ce qui se trame dans les montagnes, derrière la ville. Je ne puis déterminer ni le jour ni l'heure où l'ennemi donnera l'assaut. »

Les yeux d'Ibrahim lancèrent des éclairs comme s'il attendait ce discours depuis longtemps. Il ouvrit un coffret d'ébène suspendu au mur, et en sortit un épais rouleau de papyrus.

« Ceci provient du tombeau d'un pharaon d'Orient », dit-il. « Naguère, grâce à mes prophéties, j'ai rendu de grands services au roi d'Égypte. En récompense, il me permit de pénétrer dans l'une des pyramides, et de rompre le sceau de la chambre mortuaire, où reposait la momie d'un pharaon. Parmi les trésors qui entouraient le tombeau, je fus autorisé à emporter tout ce que mes serviteurs pourraient emmener. Mais je laissai ceux-ci dans le couloir, et me contentai de ce rouleau caché dans le recoin le plus obscur. Et je ne me trompais pas : il contenait des dessins et des instructions pour construire les plus merveilleux instruments. Avec leur aide, je pense que nous pourrons rendre vos ennemis totalement inoffensifs. »

« Si vous réussissez ce prodige », s'écria l'émir, « je m'engage à réaliser vos désirs les plus fous. »

L'astrologue s'inclina en signe de remerciement, et sans plus attendre, se mit au travail. Peu de temps après, une tour ronde, en pierres venues d'Égypte, fut érigée.

Au sommet, Ibrahim plaça une statue de cavalier en cuivre, tenant une épée à la main. Aussi longtemps que la paix régnait dans les montagnes, le visage du chevalier restait tourné vers la ville. Mais dès que les Espagnols tentaient une approche, même par des chemins détournés et bien cachés, la statue se tournait comme une girouette, l'épée pointée sur eux. C'est ainsi que l'émir de Grenade fut délivré de la crainte d'être attaqué par surprise.

Par un prodige plus grand encore, il n'eut même pas besoin d'envoyer le moindre soldat combattre l'ennemi. En effet, il lui suffisait d'entrer dans la tour dont les fenêtres donnaient sur les quatre points du globe. Sous chacune d'elles se trouvait un plateau de métal poli, chargé d'une armée de petits personnages en ébène. Il y avait à la fois l'infanterie, la cavalerie, des archers, des lanciers et même le porte-étendard et le tambour. Au beau milieu de la salle, sur une petite table, se trouvait une baguette magique ornée de caractères étranges.

« Prenez la baguette à la main et tenez-vous prêts », ordonna Ibrahim à l'émir quand il l'eut conduit dans la salle pour la première fois. Le cavalier de bronze sur le toit venait juste de se tourner vers le col de Lope. Le magicien courut à la fenêtre regarder dans la direction indiquée.

« Regardez », dit-il au souverain, en montrant du doigt les personnages situés sur le plateau de la fenêtre. L'émir resta pétrifié : les personnages se mouvaient comme s'ils étaient vivants. Des chevaux montés par des cavaliers se cabraient, des soldats nettoyaient leurs armes, et on entendait une sorte de bourdonnement res-

semblant au roulement de tambours de guerre.

« On dirait que vos ennemis préparent une attaque importante », dit l'astrologue. « Si vous voulez éviter de faire couler le sang, vous pouvez les mettre en fuite sans bouger d'ici. »

Et il demanda au souverain d'utiliser la baguette pour disperser les personnages et les faire tomber.

« Maintenant, envoyez des patrouilles sur vos chevaux les plus rapides et demandez-leur de rapporter aussitôt que possible ce qu'ils ont vu au col de Lope », dit-il en souriant. « Ils peuvent partir sans armes car ils n'en auront pas besoin. »

Quand, à leur retour des montagnes, les patrouilles racontèrent qu'une confusion incompréhensible régnait dans le camp ennemi, qu'ils s'étaient battus les uns contre les autres, et que pour finir, ils étaient repartis d'où ils étaient venus dans la panique générale, l'émir se souvint brusquement des personnages renversés.

« Ibrahim est non seulement un sorcier, mais il est aussi le magicien des magiciens, le mage parmi les mages », se dit-il, éprouvant à la fois un sentiment de crainte et de joie.

Peu de temps après, Ibrahim demanda s'il pouvait agrandir la grotte qui lui servait de résidence.

« Je rends grâce à Allah que l'astrologue ait élu domicile à ma cour », se dit le souverain avec une infinie reconnaissance, et il fit aménager la grotte avec la plus grande magnificence.

Grâce au cavalier de bronze et à la salle de la tour, les rebelles espagnols ne lui donnaient plus d'inquiétudes. Pour mettre l'ennemi en déroute, il n'avait qu'à utiliser la baguette magique et renverser les personnages d'ébène. Il avait enfin tout le loisir de profiter du confort et des charmes de ce monde, dans la paix et la sérénité. Mollement étendu sur des coussins moel-

leux, il adorait écouter la princesse chrétienne, que ses soldats avaient capturée et amenée à sa cour, jouer du luth avec talent. L'émir se plaisait à entendre, non seulement sa musique, mais également ses conseils et ses moindres désirs. « La princesse se plaint que les murs et les voûtes de mon palais font écho et gênent sa musique », dit-il un jour à Ibrahim. « Je sais que vous pouvez réaliser l'impossible. Aussi construisez une résidence qui surpassera par sa beauté tous les châteaux mauresques. »

« Malheur au souverain qui succombe aux caprices d'une jeune femme », dit sévèrement le magicien. « Comment pouvez-vous oublier vos devoirs de souverain dans des plaisirs oisifs, noble émir. »

« Construisez-moi un palais selon mes désirs, et vous serez récompensé, même si vous demandez la moitié de mon royaume en guise de paiement », dit l'émir, les yeux brillants.

L'astrologue demeura un moment silencieux, puis dit avec un haussement d'épaule :

« D'accord vous l'aurez. Mais, au lieu de la moitié de votre royaume, voici ce que je vou-

drais : promettez-moi de me donner le premier cheval qui franchira la grille de votre domaine. Le premier cheval et son cavalier . . . »

« Ils seront à vous », s'écria l'émir, agréablement surpris par la modestie de sa demande. « Et maintenant au travail, je brûle d'impatience. »

Ibrahim choisit d'implanter le château au sommet de la colline dans laquelle se trouvait la grotte. Peu de temps après, selon ses instructions, les murs commencèrent à s'élever, puis les toits du palais apparurent, resplendissants de dorures. Une grille impressionnante en gardait l'entrée. L'astrologue y grava une énorme clé, et au-dessus d'elle, une main géante. Il murmura alors une incantation dans une langue inconnue, puis, se réfugiant dans ses appartements taillés dans le roc, il se retira du monde.

Quelques jours plus tard, le souverain fut enfin convié à visiter la construction. Dès le matin suivant, il arriva, accompagné de la princesse, montée sur un cheval blanc superbement harnaché, portant une lyre autour de son cou délicat couleur de lys. L'astrologue, appuyé sur sa canne, attendait déjà devant la grille.

« La clé et la main protègent l'accès au château », dit Ibrahim en montrant du doigt les symboles gravés. « Tant que la main ne s'empare pas de la clé, rien de fâcheux ne pourra arriver aux habitants de cette colline. »

Et, à cet instant, quelque chose de tout à fait inattendu se produisit : tandis que l'émir, curieux, examinait les pierres aux dessins magiques, le cheval de la princesse se cabra, et avant que les autres n'aient compris ce qui se passait, il franchit la grille au galop.

« Regardez », s'écria l'astrologue, « voilà la récompense que vous m'avez promise. Le cheval blanc avec le harnais orné de pierres précieuses, et son cavalier : la jeune femme à la lyre d'argent ! »

En échange de la princesse, le souverain proposa en vain, autant d'or et de joyaux que la mule la plus robuste pourrait en transporter ; Ibrahim hissa ses couleurs en haut de la tour. Puis il ajouta qu'il se sentirait profondément outragé si le souverain ne tenait pas parole. C'en était trop pour l'émir Habuz qui devint fou de rage et noya le magicien sous un torrent d'insultes.

« Occupez-vous donc d'administrer votre malheureux royaume. Je me contenterai de me moquer de vous depuis ma résidence souterraine », répondit Ibrahim. Il fit alors claquer ses doigts et le cheval blanc monté par la princesse s'approcha. L'astrologue saisit la bride, et frappa la terre de sa canne. Aussitôt la terre s'ouvrit largement, et tous trois s'évanouirent dans ses profondeurs.

Fou de rage, l'émir se rua vers l'entrée de la

grotte, à la tête de ses hommes en armes. Mais il n'y avait plus d'entrée : les poursuivants se heurtèrent à la paroi rocheuse.

Quand le souverain retourna à son vieux palais, il vit le cavalier de bronze s'orienter vers la colline de l'astrologue. Il regarda dans cette direction, et pendant quelques instants il demeura pétrifié : la construction édifiée par Ibrahim s'évanouit telle une apparition !

Ce jour-là marqua le début d'une mauvaise période pour le royaume d'Habuz. Le cavalier de la tour ne bougea plus d'un seul pouce. Il ne pointa plus jamais son épée en direction des attaquants, et du coup, les Espagnols, redevenus invisibles, purent à nouveau harceler la région par de soudaines attaques. L'émir Habuz, accablé par de tels soucis, finit par succomber.

Du château magique de l'astrologue il ne restait rien, que la grille gravée d'une clé et d'une main et les remparts du château. Le peuple commença à l'appeler la folie du roi, et ce nom fut le seul souvenir laissé dans les mémoires par l'émir.

Cependant, des années plus tard, sur le sommet de la colline, on construisit l'un des édifices les plus réussis de l'Espagne ancienne : le palais de l'Alhambra. On peut encore y voir la main de pierre et la clé qui ornent l'entrée principale.

Les gens racontent que, par les chaudes nuits d'été, on peut entendre, près de cette grille, des sons d'intruments à cordes venus des profondeurs de la terre, accompagnés du chant léger d'une voix féminine. C'est la princesse captive qui continue à chanter des berceuses accompagnée de son luth, pour endormir l'astrologue arabe qui la tient toujours en son pouvoir, dans les magnifiques pièces taillées dans le roc qui constituent les fondations de l'Alhambra. Et il est impossible de résister à ces berceuses qui nous entraînent vers de doux songes.

D'où vint le nom du château de Falkenstein

Aujourd'hui, la campagne aux alentours de la source du Dreisam est une des plus belles de la Forêt Noire. Là où le lit du fleuve descend dans une gorge si profonde qu'on l'a nommée « Gorge de l'enfer », le paysage est d'une rare et sauvage beauté.

À l'époque des croisades, la gorge était gardée par un château dont il ne reste que quelques ruines. Mais du temps où il servait de résidence au chevalier Kuno et à sa femme Ida, la blancheur éclatante de la tour et du palais resplendissait sur l'océan verdoyant des forêts avoisinantes. C'était une construction nouvelle, qui n'avait pas encore reçu de nom.

« Ces bois qui nous entourent ressemblent à des murailles vertes », dit un jour Kuno, en soupirant, à son épouse. « Je me considère plus comme un prisonnier que comme un souverain. Mon plus cher désir est de visiter des pays où règnent les lions à la longue crinière, comme l'a fait le chevalier Engelbert, notre voisin, qui revient d'une croisade. »

« Ne me quittez pas mon cher Kuno », sanglotait Ida.

« Un chevalier digne de ce nom se doit de réaliser un grand exploit pour la dame de son cœur. J'ai entendu dire qu'un moine avait atteint les limites du monde, là où le ciel et la terre se confondent. En passant la tête au travers d'une fente de la voûte céleste, il lui fut donné de contempler des choses inimaginables : des feux aux flammes éternelles, des soufflets de cuir d'où viennent les vents, de même que des roues géantes qui font tourner le soleil, la lune et les étoiles. Mais moi, je ne veux pas errer sans but comme ce moine. Ida, je vous ramè-

nerai de là-bas une étoile pour orner votre diadème ! »

« Je vous en supplie à nouveau, ne me quittez pas », sanglotait la dame, les yeux brillants de larmes.

Ému par de telles marques d'amour, le chevalier partagea son alliance en deux et en donna une moitié à Ida.

« Ma chère épouse, le voyage pour aller au bout du monde et en revenir sera certainement long. Avant que nous puissions rassembler les deux moitiés de la bague, il peut se passer plus de sept ans. Si, passé ce délai, je ne suis point revenu , cela voudra dire que j'ai été prisonnier par les païens, ou que je suis mort. Alors, si un soupirant convenable se présente, n'hésitez pas à l'épouser. Ne restez pas veuve dans ce château isolé au milieu des bois et des rochers. »

« Ne dites pas cela Kuno, je vous en prie, vous ne faites qu'aggraver mon chagrin », répondit Ida, car elle avait compris que même les larmes ne toucheraient pas un chevalier décidé à accomplir un grand exploit.

Le lendemain, Kuno, accompagné de trois hommes, franchit la grille du château, vêtu d'une armure légère, sans heaume ni épée, seulement un poignard à la ceinture.

« Nous ne partons pas pour une expédition guerrière, mais nous entreprenons un voyage à la recherche de la Connaissance », dit-il à ses hommes en armes désignant le soleil qui se levait au-dessus des collines.

« Tout là-bas vers l'Orient ! On dit que le bout du monde, qui s'étend derrière lui, jouxte le Paradis ! »

Après un long voyage, les quatre cavaliers arrivèrent finalement au port de Tarente sur les rives de la mer Ionienne. En ce temps-là, il n'y avait qu'un seul bateau pour gagner la ville syrienne d'Antioche, destination de Kuno. Au moment où ils s'approchaient, les chevaux se cabrèrent comme s'ils devenaient fous, les hommes de Kuno pensèrent aussitôt à un mauvais présage. Mais Kuno monta à bord d'un pas assuré, et ses hommes durent s'exécuter à leur tour.

Les chevaux s'étaient cabrés avec raison à Tarente : juste avant la fin du voyage, une tempête épouvantable s'éleva sur la mer. Le bateau dériva, puis se brisa contre le rocher d'un rivage inconnu et désert. Une vague gigantesque rejeta le chevalier sur la plage. Au bout d'un moment, après avoir recouvré ses esprits, il se mit à chercher le bateau et son équipage, mais ce fut peine perdue. Il s'assit alors parmi les galets, la tête dans les mains, puis, comme il méditait sur son malheur, l'ouragan s'apaisa peu à peu, et dans le profond silence qui avait succédé à la tempête rugissante, parvint à ses oreilles :

« Lève-toi et poursuis ton voyage. N'aurais-tu plus envie d'atteindre le bout du monde ? Il est là, devant toi, alors depêche-toi, mon ami ! »

Désespéré, Kuno regarda autour de lui, mais seule la mer et les rochers s'étendaient à perte de vue. À cet instant, il ressemblait davantage

à un animal pris au piège qu'à un valeureux chevalier, néanmoins il se leva et se mit à explorer cette terre inconnue.

Quelques temps après, il arriva dans un pays plein de gorges et de défilés, envahi de buissons épineux. Il s'assit sur un rocher, la tête dans les mains, désespéré, comme il l'avait fait auparavant sur la plage. Mais, soudain, il sursauta car quelqu'un lui avait touché l'épaule. Un instant, il se demanda s'il ne rêvait pas : ses trois hommes se tenaient devant lui sains et saufs !

« N'est-ce pas là un signe de succès pour notre expédition ? » dit Kuno, ravi. « Mettons-nous en route avec une ardeur nouvelle, même si, à partir d'aujourd'hui, nous n'avons plus que nos jambes. Nous sommes sur la terre d'Orient, et nous sommes près du but. »

C'est ainsi qu'ils repartirent. La campagne devenait terriblement inhospitalière, l'air était de plus en plus torride, et les animaux qu'ils chassaient pour se nourrir se faisaient de plus en plus rares. Aucun des quatre vagabonds n'aurait pu dire depuis combien de temps ils marchaient ainsi d'un pas pesant. Des mois ? Des années ? Pourtant ils continuaient leur marche sans répit.

Tout à coup, ils entendirent au loin un long hurlement. Était-ce un loup ou un chacal ? « Même s'il s'agit du roi des animaux sauvages, il ne peut pas vivre sans eau », pensa Kuno en se soulevant sur ses coudes, alors que l'espoir renaissait dans son cœur. Mais, très vite, il se frotta les yeux pour chasser la vision qui s'imposait à lui. Pourtant l'illusion persistait : au lieu des rochers et des collines s'étendait un désert de sable plus vaste qu'un lac dont aucune brise n'aurait ridé la surface. Et, au beau milieu du désert, qui s'étirait d'un bout à l'autre de l'horizon, il y avait un mur blanc, aussi haut que les remparts d'une forteresse.

« Voici venu le terme de notre voyage », s'exclamèrent les hommes en armes. « Ce mur est certainement le bout du monde ! »

Kuno essayait de se persuader que ce qu'il voyait n'était pas un mirage, mais il brûlait d'impatience.

« Grimpe », dit-il à Walter, le plus agile d'entre eux. « Et dis-nous ce que tu vois de l'autre côté du mur. »

Walter, utilisant les interstices qui séparaient les pierres, grimpa aisément tout en haut. Au lieu de se tourner vers ses compagnons pour leur décrire ce qu'il voyait, il éclata d'un rire démoniaque. Ses compagnons le virent soudain sauter de l'autre côté en étendant les bras.

Alors, Kuno envoya Udo, le second de ses hommes, pour aller voir ce qui était arrivé à Walter. Mais une fois en haut, Udo fit comme Walter : il disparut derrière le mur, comme si un piège se refermait sur lui, dans un éclat de rire démoniaque.

Le cœur lourd, Kuno envoya le plus vieux des hommes, Helg. Malgré son âge, ce dernier grimpa avec vélocité, mais lui aussi, le plus fiable de tous, arrivé en haut, se comporta comme les autres qui l'avaient précédé.

« À moi, maintenant », murmura le chevalier en avançant le pied et en s'aggripant au premier interstice entre les pierres. Mais il retomba aussitôt sur le sol : le mur était aussi brûlant qu'une fournaise. C'était à cause de la chaleur des pierres que le mur brillait de cette éblouissante blancheur.

Avant qu'il n'ait recouvré ses esprits, une tête chevelue, rouge et noire, apparut au-dessus du mur. N'était-ce pas le démon en personne ?

« Tu t'apprêtes à contempler le bout du monde, et tu oublies ton Ida ! » dit le disciple du diable, avec le même rire qu'avaient eu les trois compagnons de Kuno. « Te souviens-tu

que cela fera sept ans demain que tu l'as quittée devant la grille du château ? Ta douce épouse s'apprête à célébrer ses noces avec un autre, selon tes vœux, chevalier ! Elle te croit mort, et a déjà préparé les cierges pour la cérémonie funéraire. »

Kuno demeurait hébété : cela faisait donc sept ans déjà qu'il errait par le monde !

« Pour l'amour du ciel, ramenez-moi à mon château avant les noces ! » cria-t-il au démon. « Votre récompense sera fastueuse, je vous le jure ! »

« Je veux ton âme en récompense », répondit la voix derrière le mur.

Le chevalier baissa les yeux.

« Ce que vous demandez est énorme », dit-il au bout d'un moment. « Mais qu'il en soit fait selon votre désir. Je préfère perdre mon âme que mon Ida bien-aimée. J'émettrai seulement un souhait : prenez mon âme pendant mon sommeil. Je ne veux pas vivre cet instant si éprouvant en toute conscience. »

« D'accord », dit le démon. En regardant cette larve humaine au pied du mur, à peine capable de se tenir sur ses jambes, il se dit qu'il s'endormirait avant même qu'il n'ait atteint la mer par les airs. Alors, le démon grava leur accord sur une pierre qu'il lança aux pieds de Kuno. Puis, il leur ordonna : « Coupe-toi le petit doigt et signe cet accord de ton sang ! »

Dès que Kuno se fut exécuté, la terre s'ouvrit, et une flamme verte s'éleva de la fissure, avec

une forte odeur de soufre. Face au chevalier, jaillit un lion géant avec des ailes de chauves-souris. « Monte sur mon dos, nous n'avons pas de temps à perdre ! » s'écria le lion. Le chevalier enfourcha le lion comme s'il s'agissait d'une monture ordinaire ; l'animal balança la queue, battit des ailes, et s'éleva en emportant Kuno dans le firmament.

Comme le vol au-dessus de l'étendue monotone de la mer lui semblait lent, maintenant ! Un peu plus tard, alors qu'ils volaient dans la pénombre d'un nuage, Kuno ne parvenait plus à résister au sommeil. Une sorte de torpeur envahissait peu à peu son esprit qui résonnait du rire strident du démon. Cependant, la satisfaction du démon à l'idée que Kuno s'était endormi fut de courte durée, car, pourtant capable de distinguer une souris par-delà les sept mers, il n'avait pas remarqué les ailes d'un grand faucon qui avait brusquement surgi des nuages et qui décrivait un cercle au-dessus d'eux. L'oiseau décrivit un second cercle encore plus proche, si proche que ses ailes vinrent frapper le visage du chevalier. Kuno revint à lui immédiatement, et se mit à se défendre énergiquement contre les attaques du faucon.

Dans le lointain, là où, un moment auparavant, résonnait un rire triomphant, on entendait maintenant le hurlement de rage du démon, rendu furieux par sa défaite : il avait compris que le faucon ne laisserait pas Kuno s'endormir un instant jusqu'au terme de son voyage.

Peu de temps après, l'oiseau de proie s'évanouit dans le bleu du ciel, et le chevalier poussa un soupir de soulagement et de joie. La mer au-dessous de lui avait changé de couleur, elle était maintenant vert émeraude : c'était l'océan verdoyant des arbres de la Forêt Noire qui lui étaient si familiers et là, surplombant les méandres du fleuve, il aperçut la tour de son château! Après un vol aussi silencieux que celui d'une chauve-souris, le lion déchargea enfin Kuno près du mur de la tour, puis il fut absorbé par la terre.

Pendant ce temps, les habitants du château étaient tous affairés : car avant midi ce jour-là, Ida devait célébrer ses noces comme son mari,

qui n'était jamais revenu, le lui avait recommandé.

La coutume veut, qu'un jour de noce, toute personne franchissant la grille du château soit la bienvenue. Le pèlerin qui disait revenir de visiter le Saint-Sépulcre en Terre sainte fut parfaitement accueilli. Son visage aux rares endroits où il n'était pas envahi par la barbe avait la couleur du bronze, tant le soleil brûlant des pays étrangers l'avait bruni. On le conduisit à la salle des banquets, et la mariée, d'une pâleur mortelle, lui tendit, selon la tradition, une coupe de vin blanc.

Il porta la coupe à ses lèvres, but à la santé et au bonheur de son hôtesse, puis mit sa moitié d'alliance dans la coupe vide en disant : « Ma Dame, veuillez je vous prie, accepter ce présent en échange de votre bienveillante hospitalité. »

Ida jeta un œil à l'intérieur de la coupe, puis elle regarda l'inconnu dans les yeux, et fut alors prise d'une sorte de vertige : partagée entre les larmes et les sourires de bonheur, elle se jeta dans les bras de son époux.

« Mon cher Kuno, vous êtes revenu juste à temps ! »

Comme attiré par ce cri, le robuste faucon descendit à nouveau de ses montagnes et décrivit des cercles au-dessus des têtes des deux époux enfin réunis après tant d'épreuves. Parmi toutes les aventures qu'il avait vécues, la première que Kuno raconta à Ida fut comment, au beau milieu des nuages, le faucon avait sauvé son âme de l'enfer en l'empêchant de s'endormir.

Après cet heureux retour, Kuno et sa bienaimée vécurent ensemble pendant de longues années. Et, en signe de gratitude, Kuno fit peindre l'effigie du faucon sur sa côte de maille, et sa résidence reçut le nom de Falkenstein, le château du faucon.

Jeanne la farouche

Dans la plaine qui s'étend autour des villes de Pazardzik et Plovdiv, là où les montagnes surplombent de gigantesques précipices, coulent, les eaux glacées d'une rivière qui porte un nom de femme. Une vieille légende raconte l'origine de ce nom.

Quand les Turcs envahirent la Bulgarie et assujettirent son peuple, leurs armées, nombreuses et bien organisées, se répandirent uniquement dans les vallées des grands fleuves. Ils n'osèrent pas pénétrer à l'intérieur des montagnes qui étaient hérissées des tours et des créneaux dentelés de châteaux-forts puissamment gardés.

Les Turcs répugnaient à descendre de leurs chevaux pour escalader les défilés périlleux sous les murs des forteresses et tenter de s'en emparer.

Seuls Dushkovchenin et Krasen, les deux plus importants châteaux qui bordent la rivière au flot tumultueux, furent épargnés. Dushkovchenin gardait un défilé à l'endroit où la rivière quittait les montagnes ; et l'on avait du mal à déterminer quelle était la part des donjons et des murailles taillées à même le rocher et celle dues à la main de l'homme. Le château de Krasen surplombait le sommet aigu d'une montagne escarpée située un peu plus loin, en direction de la vallée, et était tout aussi inattaquable que celui de Dushkovchenin.

Les seigneurs de ces châteaux étaient très puissants. Les deux domaines comprenaient de vastes pâturages peuplés de bétail et des forêts où abondaient les cerfs, de sorte qu'aucun n'enviait l'autre. Leurs enfants les comblaient : Jeanne, la joyeuse et indomptable fille du seigneur de Krasen, était devenue la plus belle jeune fille de la région, et Boris, le jeune maître de Dushkovchenin, était maintenant un gentilhomme dont chacun se plaisait à reconnaître la grande noblesse d'esprit.

Malgré tout cela, le diable s'en était mêlé, et

les deux pères entretenaient de vieilles rancunes. Maintenant que les Turcs pénétraient de plus en plus dans les terres, tout le monde, dans les châteaux avoisinants, espérait que les deux hommes renonceraient à leurs querelles inutiles et se tendraient la main en signe de paix. Car en vérité, il fallait faire front contre l'ennemi commun.

Pourtant, il n'en fut rien. Le seigneur du château de Krasen rendait sans cesse visite aux riches marchands grecs qui s'étaient installés dans la vénérable ville de Plovdiv. Il continuait à leur rendre visite alors que la ville était occupée par les Turcs, il leur empruntait des pièces d'or pour acheter un nouveau cheval, ou pour jouer des sommes importantes aux dés.

Le noble seigneur de Dushkovchenin, lui, comptait les Grecs parmi ses ennemis mortels. Ceci était le différend le plus important entre les deux seigneurs.

« Les étrangers ruinent notre pays, aussi bien les Turcs qui nous envahissent à cheval et sabre au clair, que les Grecs et leur négoce ; ce traître du château de Krasen oublie qu'il est bulgare et pactise avec eux ! » se lamentait le seigneur du château de Dushkovchenin prenant à témoin le ciel et ses voisins. Or, si les pères ne s'entendaient pas, il n'en était pas de même pour leurs enfants. Boris et Jeanne s'aimaient depuis leur plus tendre enfance et maintenant qu'ils avaient grandi, ils étaient tombés amoureux l'un de l'autre. Ils se voyaient rarement et toujours en secret, de sorte que leurs pères ignoraient tout de leur amour. Ils nourrissaient le secret espoir, qu'un jour, leurs familles se réconcilieraient et qu'ils pourraient enfin se marier.

Ainsi le temps passait. Un jour, le seigneur de Krasen revint de Plovdiv de si bonne humeur que même les gardes se demandèrent ce qui avait bien pu lui arriver.

« Vous avez dû gagner aux dés », observa Jeanne quand ils se retrouvèrent à la table du souper. Elle pensait que son père avait eu de la chance au jeu et qu'il était content de cette rentrée d'argent inespérée.

« Un grand succès ? Oui il s'agit bien d'un grand succès pour nous deux, vous pouvez le dire ! » dit le seigneur du château de Krasen riant aux éclats. « Le Grec le plus riche de Plovdiv m'a demandé votre main, allez préparer votre trousseau.»

Si une pierre lancée par une catapulte avait traversé la fenêtre et avait atterri sur la table du souper à cet instant, Jeanne n'aurait pas été plus stupéfaite. Mais comme elle avait autant de repartie que de grâce, elle rétorqua immédiatement : « Père, je n'épouserai pas un marchand de la ville, même s'il possédait tous les trésors de la terre. Faites-lui savoir que ce n'est pas la peine qu'il perde son temps à faire sa demande. »

« Depuis quand s'oppose-t-on, à Krasen, à la volonté de son seigneur et maître ? » reprit le gentilhomme, rouge de fureur. « Hier, j'ai donné ma parole et demain, ses marieurs vont venir au château ! »

Jeanne ne répondit point. Cependant, la nuit suivante, elle fit de ses affaires un petit baluchon, se glissa par une sortie secrète hors du château de Krasen, et s'enfuit jusqu'au château de Dushkovchenin. Le seigneur du lieu la reçut comme sa propre fille, et Boris comme sa fiancée bien-aimée.

Quand le seigneur de Krasen fut informé de la fuite de sa fille, il devint fou de rage. Les murs du passage retentirent des jurons dont il taxait sa fille et le château de Dushkovchenin tout entier. À présent, il nourrissait une haine exacerbée contre son voisin, et sa fureur hystérique altérait son jugement. Comme s'il avait oublié tous les méfaits perpétués par les Turcs dans son pays, il se mit en route pour la ville de Pazardzik afin d'y rencontrer le gouverneur turc.

Il demanda, lui, un gentilhomme bulgare, l'aide des Turcs pour s'emparer du château de Dushkovchenin et mettre ses habitants en déroute ! Le bey de Pazardzik avait peine à contenir sa jubilation : c'était exactement ce qu'il attendait ! Depuis longtemps il voulait assaillir Dushkovchenin, car ce château constituait le principal obstacle à la pénétration des Turcs dans les montagnes. Or, ils devaient franchir ces montagnes pour parvenir aux riches vallées fertiles qui bordaient le Danube, vers le nord.

L'idée de conquérir un aussi puissant château ne les avait pas effleurés à ce jour, d'autant plus que le très puissant château de Krasen se trouvait à proximité, et que sa garnison aurait pu aisément prendre l'assaillant de Dushkovchenin par l'arrière. Mais voici qu'à présent son seigneur et commandant en chef cherchait l'aide des Turcs contre Dushkovchenin ; c'était certainement Allah lui-même qui l'envoyait !

Trois jours plus tard, comme convenu, les Turcs et la garnison de Krasen marchèrent sur Dushkovchenin des deux côtés à la fois. Avant que les défenseurs du château ne se fussent remis du choc, les attaquants prirent position sous les murailles. Le seigneur de Krasen connaissait parfaitement les endroits vulnérables du château pour en avoir été l'hôte avant la querelle des deux gentilshommes. Aussi ne fallut-il pas longtemps aux coups de bélier des Turcs pour transpercer les murs et livrer passage aux ennemis qui se ruèrent à l'intérieur.

Les défenseurs se battaient comme des lions, même s'ils savaient par avance que la bataille était perdue.

Jeanne restait toujours auprès de Boris, et se conduisait aussi courageusement que les hommes au plus fort du combat. La bataille faisait rage, même après que le seigneur du château fut tué. Boris prit alors le commandement. Mais il fallut qu'il soit lui-même grièvement blessé, et qu'il ne reste que quelques hommes valides, pour que Jeanne réussisse à les persuader de battre en retraite. Les défenseurs, portant Boris sur leurs épaules, réussirent à s'échapper par un passage secret. À la sortie, les murailles étaient entourées d'une forêt dense, et les fugitifs disparurent dans l'obscurité.

Le seigneur de Krasen chercha en vain sa fille dans tout le château de Dushkovchenin : elle semblait s'être évanouie dans les airs.

« À quoi sert ma vengeance ? » murmura-t-il penché sur le cadavre du seigneur de Dushkovchenin qui, en d'autres temps, avait été son ami. Et, quand il tourna son regard vers les ruines fumantes de ce qui, hier, était encore un fier château bulgare, il cacha son visage dans ses mains et se mit à sangloter amèrement.

Cependant, il allait apprendre à ses dépens le prix de la vengeance : le bey de Pazardzik avait coutume de battre le fer tant qu'il était chaud.

« Le château est vaincu comme vous le souhaitiez », fit-il remarquer à son allié quand tout fut réduit en ruine. « Et votre valeureux voisin a disparu. Ne pensez-vous pas qu'il est temps de me témoigner votre gratitude en m'accordant votre aide ? Les soldats sont fatigués, les blessés ont besoin d'être soignés. Ne méritent-ils pas de prendre un peu de repos chez vous ? »

Le gentilhomme bulgare n'avait d'autre alternative que d'accepter, ainsi les Turcs franchirent-ils sans résistance les grilles de Krasen. Ils s'installèrent aussitôt dans le château, et ne montrèrent aucun empressement à quitter les lieux, ni le lendemain, ni même la semaine suivante. Ils festoyèrent même joyeusement grâce aux provisions du château. Lorsqu'elles furent épuisées, le bey informa son hôte qu'il allait retourner à Pazardzik. « Vous devriez me sui-

vre », dit-il enfin au seigneur du château du haut de son cheval noir.

« Pourquoi devrais-je quitter mon toit ? » demanda le gentilhomme tout étonné. « Ma fille Jeanne, mon unique réconfort, va sûrement regagner sa maison natale. »

« Retournez-vous et regardez votre maison natale ! » s'écria le bey en ricanant, puis il éperonna son cheval et disparut.

Le gentilhomme sentit le sol se dérober sous ses pieds : de la fumée sortait des toits de Krasen, des flammes jaillissaient déjà entre les tuiles, et la flèche de la tour principale brûlait comme une énorme torche. Les Turcs avaient mis le feu à son propre château !

Ainsi la trahison et la vengeance contre son voisin se retournaient-elles contre lui qui en avait été l'instigateur. Le seigneur de Krasen courut comme un fou vers la grille effondrée du palais derrière laquelle un énorme brasier rugissait. Et, il disparut.

Pendant ce temps, le gouverneur turc galopait à la tête de ses cavaliers vers Pazardzik, en pleine euphorie. C'était bien normal puisqu'il avait réussi à mettre en ruine deux des plus puissants châteaux de la région, et que la route vers le nord était enfin ouverte. Il pouvait vraiment se réjouir. Pourtant sa joie était prématurée !

Dans un chalet de montagne au-dessus de la rivière, Jeanne soignait les blessures que Boris avait subies durant la bataille pour sauver Dushkovchenin. C'étaient des blessures profondes dont le jeune homme ne se remettrait jamais. Aussi, Jeanne prit-elle la tête des derniers fidèles, ceux auxquels elle avait recommandé de fuir de Dushkovchenin. Tous l'estimaient pour son grand courage, et aucun d'eux ne se sentait humilié d'être sous les ordres d'une femme.

Le bey de Pazardzik dut ainsi attendre encore longtemps que le chemin de montagne, qui longe la rivière, soit de nouveau libre. Jeanne et ses hommes en armes savaient comment attaquer l'armée turque par l'arrière, au moment le plus inattendu, et lui infliger une défaite dans les étroits défilés.

Les Turcs se mirent à la redouter, et le bey fut obligé de déployer son armée tout entière avant de voir capituler les défenseurs, au prix de lourdes pertes. Après avoir reçu un coup mortel, le corps de Jeanne tomba dans la rivière qui l'emporta dans ses bras.

Les habitants de la région n'oublièrent jamais le courage de l'indomptable jeune fille. En souvenir d'elle, ils baptisèrent la rivière Luda Jana, ce qui signifie Jeanne la farouche. Et c'est ainsi que l'on appelle encore aujourd'hui l'affluent de la rivière Marica entre les villes de Pazardzik et de Plovdiv.

Le puits du château de Mukachevo

L'ancien château de Mukachevo se trouve sur un site bien particulier : il est situé sur la colline de Lovalec, qui surplombe la plaine, au sud du fleuve Latorica, à une demi-heure de marche de la ville. La plaine est dominée par cette unique colline, de sorte que l'on est tenté de s'interroger sur la raison de sa présence.

« Qui sait si elle n'a pas été déplacée avec le château, d'une rive du fleuve à l'autre, par une meute de démons », a-t-on coutume de dire dans la région. « Regardez toutes les montagnes et les collines qui se dressent de l'autre côté de la rivière jusqu'à la chaîne des Carpates vers le nord ! Le diable se plaît à saccager tout ce qui lui tombe sous la main. Pourquoi se priverait-il du plaisir de dévaster une plaine ravissante quand il dispose de tant de collines de l'autre côté de la rivière ? »

Ainsi, depuis sa construction, le château de Mukachevo avait-il toujours été associé à l'intervention maligne du démon.

Les siècles se succédèrent jusqu'à l'année où le prince Fyodor Koryatovich établit sa résidence dans ce château. Le gentilhomme était fier que l'on considérera qu'il était d'une grande civilité et ne manquait pas de caractère. Pour être à la hauteur de sa réputation, il fit rapidement entreprendre les travaux de rénovation du château. Le prince commença par faire construire les murs de pierre.

Il les contemplait avec satisfaction quand son regard fut soudain attiré par la route qui montait au château. Il fronça les sourcils avec indignation. Une voiture tirée par des bœufs cahotait le long de la route avec un énorme tonneau. C'était l'un des multiples tonneaux qui étaient amenés chaque jour au château. Il contenait de l'eau du village, situé au milieu des champs.

Une forteresse réputée imprenable comme le château de Mukachevo n'avait même pas de puits !

De quel secours seraient les murs, même si l'on doublait leur hauteur, quand l'ennemi envahirait le pied de la colline pour y établir un siège imprévu ? Un regard ne pourrait franchir l'encerclement, et encore moins un chariot à eau. Tous les habitants du château seraient condamnés à mourir de soif !

Et comme le prince ne perdait pas de temps, il fit immédiatement venir son intendant, et lui ordonna de faire construire sur le champ un puits dans la cour du château. À partir de ce jour, tous les hommes qui avaient travaillé à la construction des murs et du fossé commencèrent à creuser un puits à même le roc.

C'était une œuvre de longue haleine. Le rocher résistait, les ciseaux et les couteaux volaient en éclats, et le puits avançait très lentement. L'eau n'apparaissait toujours pas. Seule la sueur des hommes humidifiait les murs du puits.

Le prince avait recruté, partout à la ronde, d'autres hommes robustes pour les aider, mais ce fut en vain : la colline tout entière avait été creusée, et il n'y avait pas la moindre trace d'eau. Aussi, le noble Koryatovich ordonna à ses hommes de creuser juste au pied du rocher, et tous les jours, quand le soleil était au zé-

nith, il venait voir le puits, et en mesurait la profondeur du regard. Néanmoins, il ne constatait aucun progrès : l'obscurité était totale, et pas la moindre goutte d'eau ne brillait.

« C'est certainement l'œuvre du diable lui-même ! » se dit-il intérieurement, exaspéré. « Assez de labeur inutile ! » Et il fit proclamer par son héraut dans tout le pays : « Quiconque fera jaillir de l'eau dans le puits du château de Mukachevo sera récompensé par le prince Fyodor Koryatovich avec un sac de ducats ! »

Il n'eut pas à attendre longtemps : dès le jour suivant, un gnome, avec un nez tellement long et crochu qu'il traçait presque un sillon dans le sol, et un visage si sale qu'il semblait sortir d'un tas de charbon, se présenta au château. Toutefois, son pantalon et son manteau étaient bien coupés, et son bonnet bordé de fourrure était orné d'une plume de faucon, presque aussi grande que le nain lui-même.

« Je suis votre serviteur, Votre Grâce », dit-il en balançant son bonnet pour saluer bien bas. « Il paraît que vous avez promis un sac d'or à celui qui fera jaillir l'eau dans le puits de votre château. Est-ce bien vrai ? »

« Me prenez-vous pour un menteur ? » dit le prince en fronçant les sourcils.

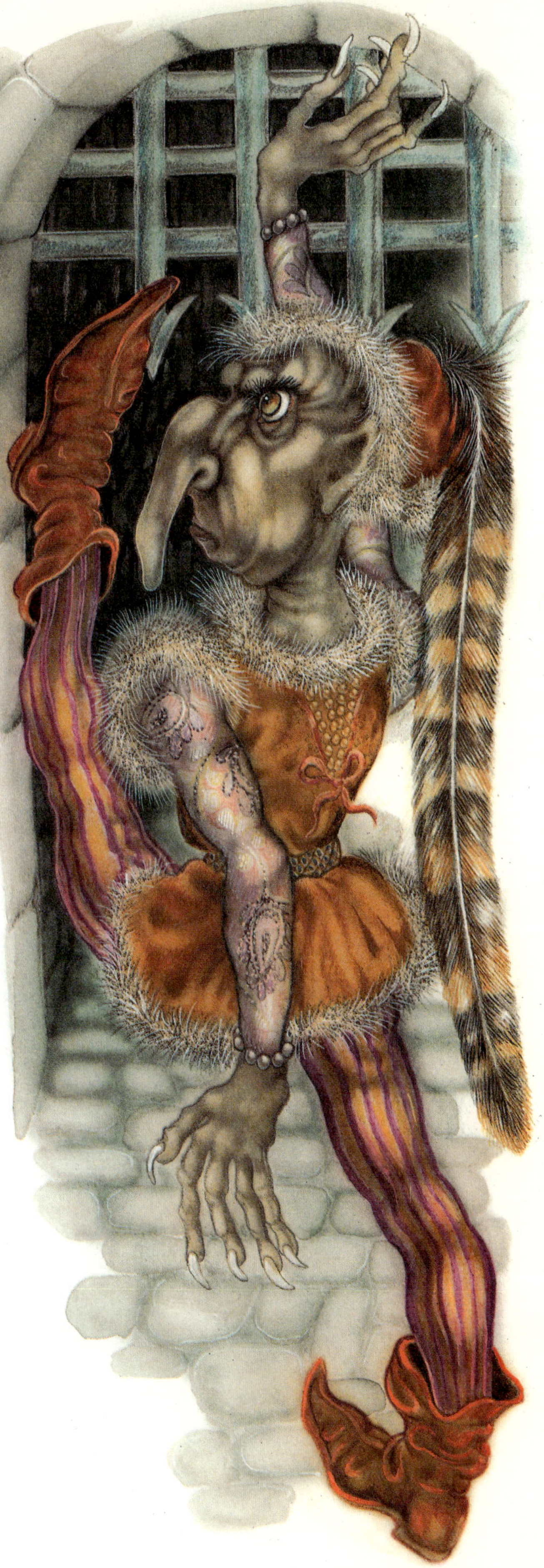

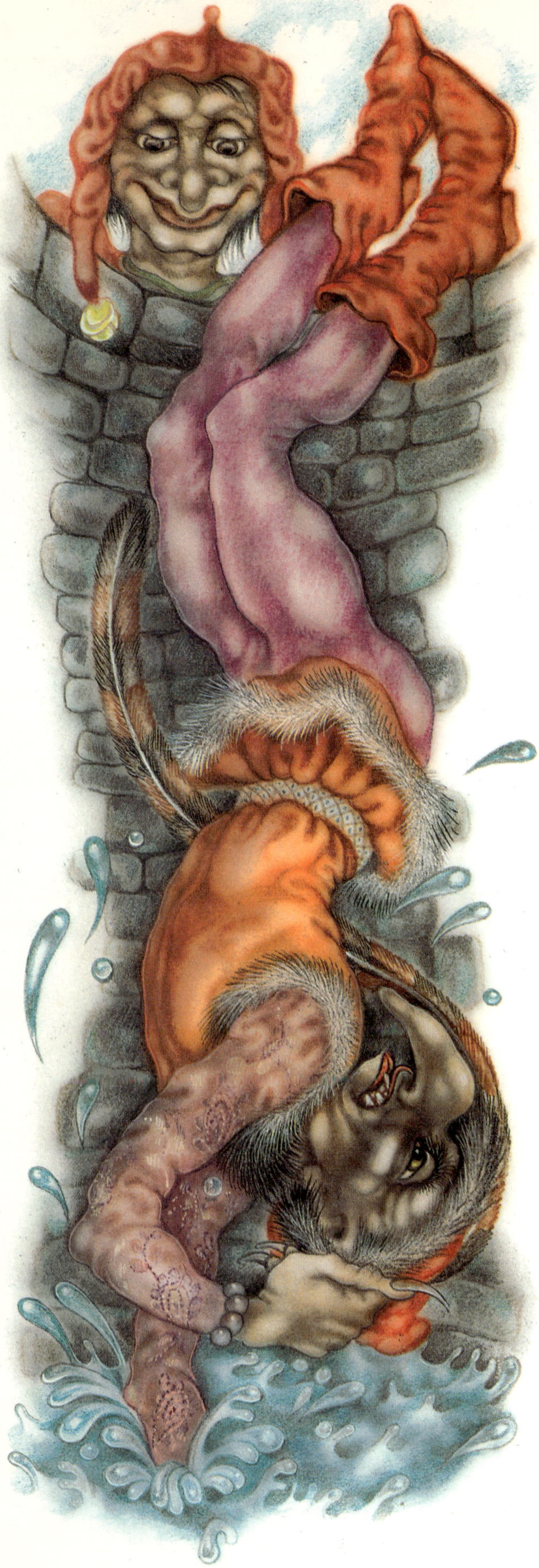

« De nos jours, on ne peut même plus croire qu'un homme mort est vraiment mort », croassa le nain. « Peu importe d'ailleurs. Où se trouve ce puits sans eau ? »

Quand on eut conduit le lutin près du puits, il releva les pans de son habit, et sans plus de cérémonie sauta à l'intérieur. Aussitôt, un bouillonnement et un gargouillis s'élevèrent des profondeurs, puis on entendit un sifflement, suivi d'un grondement sourd, et une odeur de soufre se dégagea. Un moment plus tard, la tête du gnome apparut au-dessus de la margelle du puits.

« C'est fait ! » s'écria-t-il après être sorti et en secouant les gouttes d'eau des pans de son habit.

Le prince et tous ceux qui étaient penchés audessus du trou regardaient stupéfiés : l'eau scintillait au fond.

« Vous pouvez préparer l'or, Fyodor Koryatovich ! Je viendrai le chercher dans trois jours et trois nuits ! » croassa le nain au long nez en guise d'au revoir.

Les habitants du château se remettaient difficilement de cette aventure. On se racontait des histoires à propos du sorcier aux pouvoirs maléfiques, mais l'eau du château était là, de sorte que tout le monde était enfin soulagé. Seul, le prince Koryatovich semblait d'humeur chagrine. Il parcourait le vestibule du château, les mains derrière le dos, son bouffon le suivait tout en faisant des culbutes.

« Ne pourriez-vous pas arborer un air plus réjoui, quand on vous appelle Votre Grâce ? Nous avons enfin de l'eau dans le puits. Nous ne mourrons pas de soif quand le château sera assiégé ! Au pire, nous mourrons de faim ! »

« Pourquoi devrais-je me réjouir ? » répondit le prince sèchement. « Pour avoir été inconscient au point de promettre à un ignoble individu un sac de pièces d'or ? En réalité, l'eau du puits aurait peut-être jailli sans son aide si mes hommes avaient creusé un peu plus profondément. »

« Dans ce cas, il fallait privilégier le bien-être de vos sujets », dit le bouffon en ricanant. « Beaucoup ont failli rendre l'âme en s'acharnant à travailler sur ce rocher. Au fait, quelle doit être la taille du sac que vous avez promis à votre bienfaiteur ? »

Le prince Fyodor réfléchit en portant la main à son front : « J'essaie de me souvenir, je crois que je n'avais pas précisé la taille du sac . . . »

« Dans ce cas, permettez-moi de vous abandonner un petit instant », dit le fou en toussotant, et d'un bond il sortit.

Quand il réapparut sur le seuil de la porte, le prince ne put s'empêcher d'éclater d'un rire tonitruant : « Croyez-moi, je ne suis pas d'humeur à supporter vos pitreries ; quelles sont ces hardes de vieille femme ! »

Mais ce n'étaient pas des hardes de vieille femme : le nain s'était enveloppé de sacs vides.

« Je les ai pris dans la réserve du château, il y a toutes sortes de sacs par là, jugez vous-même . . . »

Comme sur une place de marché, le fou commença à déballer devant le prince, des sacs si grands qu'on aurait pu en faire des voiles de bateaux, d'autres, plus petits, d'où sortaient des nuages de farine, des sacs minuscules pour les lentilles et les pois, et enfin de petites poches en tissu très fin pour les épices. Et le fou désigna l'une de ces dernières.

« Celle-ci appartient aussi à la grande famille des sacs et des poches, et elle ne contient que dix pièces d'argent et même moins. Une minuscule poche d'or pour un minuscule lutin, en réalité, la dimension n'était pas du tout précisée. »

« Arrêtez. Je suis un gentilhomme et non un escroc », dit le prince en faisant un geste furieux de la main.

Pourtant, il perdit son calme, et le matin précédant la venue du nain, le bruit courut parmi les serviteurs que leur maître avait arpenté sa chambre de long en large toute la nuit.

Et cela n'avait rien d'étonnant : le prince Koryatovich mettait en balance les pièces d'or, qu'il pourrait économiser en les soustrayant au gnome, et son honneur de gentilhomme.

Quand le gnome apparut dans le vestibule du château, sa décision était prise.

Le prince Fyodor l'attendait : sans un mot, il mit une poche de tissu dans la main du nain. Qui pouvait affirmer qu'il n'y avait que dix pièces d'or cliquetant à l'intérieur ?

« Qu'est-ce-que cela signifie ? » dit le lutin tout étonné.

« Avez-vous oublié que nous avions convenu d'un sac d'or ? »

« Mais n'avions-nous pas omis de préciser la dimension du sac ? » reprit le prince.

« Oh, par le trône de Lucifer ! Par toutes les portes de l'enfer ! Voyez ce noble prince si fier qu'on le considère comme un homme charitable ! »

Au même moment, le gnome sauta au plafond comme une énorme mouche et courut vers le puits. Proférant d'horribles jurons, il se jeta à l'intérieur. Quand il toucha le fond, un bruit sourd comme un roulement de tambour résonna. Mais ce bruit n'était rien par rapport aux jurons et grossièretés du gnome.

Depuis ce jour, on raconte qu'un grondement et un gargouillis étrange s'élèvent du fond du puits du château. Certains disent qu'il s'agit du bruit produit par le courant des eaux profondes. Mais d'autres soutiennent que le gnome ne peut oublier comment il s'est, jadis, laissé tromper par le prince Fyodor. Il n'ose plus revenir parmi les hommes, et préfère donner libre cours à sa fureur par de violentes imprécations.

Le chevalier de pierre

Aujourd'hui encore, le château suisse de Waldenburg surplombe fièrement la ville et la vallée s'étendant à perte de vue. Le seigneur du château, le chevalier Jean, était lui-même très orgueilleux et ne rêvait que de batailles et de plaisirs. Cependant, il n'aimait pas voir ses sujets se réjouir en sa présence. Son plus grand bonheur était de les voir trembler devant lui.

Mais Jean de Waldenburg était souvent d'humeur maussade. Il redoutait de rester seul dans son immense château, aussi invitait-il fréquemment les gentilshommes des environs à lui rendre visite. Les tables de la salle de banquet ployaient sous les friandises et les mets, et le vin coulait à flots. Pendant ce temps, dans les chaumières de la vallée, on trouvait difficilement un maigre croûton de pain. Quand Jean partait à la chasse, les bois tremblaient au son du cor. Mais, dans les champs, les paysans s'épuisaient sous le fouet des régisseurs du chevalier. L'un d'eux vivait dans une misérable cabane en bordure de la ville, avec sa femme et ses nombreux enfants. Il y avait donc beaucoup de bouches affamées autour de la table. Comment le pauvre laboureur aurait-il pu tous les nourrir quand il était obligé de travailler aux champs du royaume, pour donner au seigneur la meilleure récolte, et remplir les greniers à grain ? Dès que la neige avait quitté les champs, il devait, de l'aube au coucher du soleil, labourer, herser, fumer, se-

mer et moissonner avec les autres serfs. Il ne pouvait cultiver son propre champ que la nuit. Les mois passèrent ainsi, jusqu'à la fin de l'été. Dans la cabane, la faim commençait à sévir, alors que le blé derrière le village était plus que mûr. Les grains de blé commençaient à se répandre, il était grand temps de faire les moissons.

Le champ du chevalier fut moissonné jusqu'au dernier pouce de terrain. Le laboureur espérait qu'ainsi il lui resterait quelques jours pour cultiver son propre petit champ.

Cependant, un matin, aux aurores, le régisseur frappa à la porte et cria au laboureur que le seigneur l'attendait au château. Il devait transporter des pierres pour la construction de la nouvelle aile.

À l'instant même, le dernier-né de ses enfants, affamé, se mit à pleurer dans la chaumière. Alors les yeux du laboureur s'animèrent de rage et de colère. Il saisit un bol sur une étagère, et le mit dans la main du régisseur en criant : « Allez dire au seigneur de faire remplir ce bol au moins une fois par jour à la cuisine du château pour que ma famille ne meure pas de faim. Ensuite seulement je suivrai ses ordres. Sinon je resterai ici et je n'en bougerai plus ! »

Le régisseur s'en alla, mais revint peu après avec deux gardes. Ce fut en vain que sa femme les supplia et que ses enfants pleurèrent. Les soldats s'emparèrent du paysan et l'amenèrent au château pour qu'il soit confronté à Jean de Waldenburg en personne qui était en proie à une violente colère.

« Qu'on l'amène au donjon et qu'on l'enferme dans la cellule la plus sombre de la tour ! Qu'il parle famine avec les crapauds », ordonna-t-il.

Sa famille attendit le laboureur toute la journée, en vain. Il ne revint pas non plus le lendemain, ni la semaine suivante, ni même de tout l'automne. Les premières neiges annoncèrent bientôt l'hiver. Quand elle eut mangé le dernier petit morceau de pain fabriqué avec de la farine empruntée aux voisins, la femme du paysan s'assit devant la table vide, et se mit à pleurer.

« Ne pleure pas, maman », disait le fils aîné. « Nous irons au château, et nous demanderons au seigneur de laisser papa revenir à la maison, alors tout s'arrangera. »

« Peut-être se laissera-t-il attendrir quand il verra mes pauvres enfants orphelins », se dit la mère. Elle prit le plus jeune dans ses bras, tandis que les autres suivaient en se donnant la main, et, tous ensemble, ils se dirigèrent vers le château de Waldenburg. La neige était épaisse, aussi avançaient-ils péniblement.

Comme ils approchaient de la grille, ils entendirent le son des cors de chasse et les aboiements des lévriers. Puis soudain, le pont-levis s'abaissa, et quelques chasseurs à cheval surgirent du château, accompagnés des piqueurs avec leur meute, et des fauconniers avec leurs oiseaux de proie. En effet, ce jour-là, Jean de Waldenburg avait décidé d'aller chasser le sanglier et la gelinotte.

Des serfs qui travaillaient devant la grille du château furent obligés de sauter sur le côté. Mais la femme du laboureur barra la route à l'alezan du chevalier. Elle se mit à genoux et supplia le seigneur de libérer son mari. « Seigneur, rendez leur père à mes enfants, et donnez-leur un morceau de pain car ils n'ont pas mangé depuis hier. Il n'a pas besoin d'être plus gros que ce que vous jetez à vos lévriers. Ayez pitié, pour l'amour du ciel ! » Et elle montra ses enfants qui tremblaient de froid sous leurs vêtements élimés.

Le visage du chevalier eut un rictus. Il appela l'un des piqueurs, et montrant du doigt une grosse pierre sur le chemin, il lui ordonna de la mettre dans les mains suppliantes de la jeune femme.

« Voici ton pain, avide paysanne ! Il est un peu dur, mais au moins, il ne rassit jamais. Et dès que vous l'aurez mangé, je relâcherai ton mari pour vous prouver ma bonté d'âme ! » s'exclama le chevalier en riant à gorge déployée.

Face à une telle humiliation, le visage de la jeune femme devint subitement écarlate. Elle se releva, saisit l'alezan par la bride et lança ces mots au visage du chevalier : « Soyez-vous même changé en pierre ! Vous n'êtes qu'un monstre ! »

Tout le monde retint son souffle, attendant de voir quelle punition le seigneur allait infliger à la malheureuse. Mais tous restèrent bouche bée : le visage de Jean de Waldenburg commença à prendre la couleur de la pierre, son corps glissa sur le sol avec un bruit sourd, et son regard terrifié devint vitreux. Un grondement sortit de sa poitrine qui se figeait peu à peu, et un faible son s'échappa de ses lèvres immobiles. Avant que les témoins de la scène, stupéfaits, ne comprennent ce qui se passait, Jean de Waldenburg était changé en pierre.

Les chasseurs éperonnèrent leurs chevaux, et se dispersèrent rapidement.

Le château de Waldenburg demeura inhabité. Personne, désormais, n'osait plus y entrer, ni même passer devant le seigneur changé en pierre.

Cependant, aucun des malheureux paysans n'était effrayé par la statue. Ils envahirent les vastes salles du château, s'emparèrent des provisions qui restaient, puis allèrent libérer tous les innocents mis aux fers dans la tour du donjon.

C'est ainsi que le laboureur put enfin retourner chez lui auprès de sa femme et de ses enfants. On lui donna la plus grosse part des provisions du château, ce qui était justice.

Devant la grille de Waldenburg, on voit encore aujourd'hui la statue de pierre. Mais la pluie et le vent l'ont beaucoup détériorée. Du seigneur de Waldenburg, il ne reste plus, désormais, qu'une sorte de pilier d'aspect étrange.

La noce du château de Karlstejn

Il y a plus de cinq cents ans, pendant les guerres hussites de Bohême, les villes se battaient parfois entre elles, mais le plus souvent, c'étaient les châteaux qui étaient assiégés puis conquis. Le château de Karlstejn ne fit pas exception : un jour, les troupes de Prague vinrent l'assiéger. Mais tous ceux qui, parmi les assaillants, pensaient qu'il serait conquis au moment des moissons se trompaient lourdement. Les forêts et les vignobles de Karlstejn revêtaient déjà leur parure automnale dorée, les festivités de septembre organisées par le prince Venceslas approchaient, et Karlstejn résistait toujours, aussi solide que le roc sur lequel il était construit.

Cependant, les assiégés n'avaient pas le cœur à se réjouir : les réserves de vivres du château diminuaient rapidement.

« Si les troupes de Prague ne se retirent pas avant l'hiver, la famine nous obligera à nous rendre », se disaient-ils entre eux, le visage crispé par l'angoisse.

Les soldats de Prague, au-dessous du château, avaient des préoccupations bien plus réjouissantes. Ils se préparaient à fêter au mieux la Saint-Venceslas avec des oies rôties.

« Prendre plaisir à rôtir l'oie du festin c'est bien, mais pouvoir aussi la déguster en paix, voilà qui serait parfait », s'écriaient les plus fins gourmets de la troupe. « Demandons une trêve d'un jour aux habitants de Karlstejn. »

« D'accord », répondirent les chefs pragois, « s'ils acceptent. »

« Eh bien, invitons les assiégés à venir partager notre repas », reprirent les épicuriens. « Leurs réserves de vivres doivent être considérablement entamées après un siège aussi long. Laissons-les pour une fois s'emplir la panse de ce qui leur est dû. »

Le chef acquiesça, et les défenseurs de Karlstejn acceptèrent après avoir reçu le message. En effet, ils s'apprêtaient à manger l'écorce du chêne de la cour, car leurs réserves étaient vides.

Ainsi, le jour de la Saint-Venceslas, les ennemis devinrent-ils amis. Les assiégeants et les assiégés chantaient et festoyaient à cœur joie, et fraternisaient au point de se donner l'accolade, tant le festin était extraordinaire.

Cependant, les invités ne perdaient pas de vue que demain arriverait, et que les troupes de Prague encercleraient à nouveau le château et recommenceraient à affamer ses habitants.

« Le repas fut exquis », dirent-ils à leurs hôtes pragois comme s'ils les remerciaient par pure politesse : « La volaille domestique n'est pas mauvaise, mais elle semble meilleure encore quand elle est accompagnée de poisson frit, de coq de bruyère et de gibier. Au château, nous sommes habitués à choisir ce qui flatte le palais. Nous avons du pain, et aussi de nombreuses variétés de gâteaux, nous avons des années de provisions de grain et de farine ! »

Puis ils prirent congé de la façon la plus digne qu'il soit.

Les soldats pragois étaient stupéfaits.

« Du gibier ! Du coq de bruyère ! Du poisson frais tous les jours ! » s'écria un fantassin, la hallebarde à la main qui, dans son village, était un maître respecté de la confrérie des boulangers. « C'est en vain que nous moisissons ici, loin de nos familles respectives et de nos échoppes ! Alors que ceux d'en haut sont mieux nourris que nous ! »

« Défaisons nos tentes et retournons à Prague aujourd'hui même ! Le château doit sûrement avoir quelque passage secret qui permet aux assiégés de gagner les bois et les champs, et de se procurer ce dont ils ont besoin, même du gibier et du poisson frais ! »

C'était l'argument majeur des plus fervents

d'entre eux qui croyaient les habitants de Karlstejn. Leurs compagnons les traitaient d'insensés, et leur reprochaient de vouloir lever le camp parce qu'ils avaient peur de l'hiver.

Alors des différends et des querelles s'élevèrent parmi les assiégeants. Ceux qui étaient d'avis de lever le siège se laissèrent persuader de tenir bon jusqu'aux premières neiges.

« Mais si le château ne se rend pas à ce moment, nous ne resterons pas un jour de plus. Après tout, que ceux qui veulent poursuivre le siège de Karlstejn restent ! » décidèrent-ils.

À vrai dire, le camp des assiégeants de Prague était en pleine ébullition. Bien entendu, les défenseurs de Karlstejn suivaient attentivement, depuis les remparts, le déroulement des événements. Et, ils se demandaient comment choisir le moment opportun pour transformer le mensonge, au sujet des réserves de Karlstejn, en une vérité que même le chef de Prague serait obligé de croire.

Ils se torturaient l'esprit quand ils trouvèrent la solution.

Enfin, alors que novembre arrivait et que les hommes souffraient du vent et de la pluie battante, un émissaire muni d'un drapeau blanc fut envoyé de Karlstejn pour parlementer. Il pria les gardes de demander pour lui une audience au commandant en chef, Jan Hedvik, puis, après lui avoir été présenté, il s'inclina poliment jusqu'à terre, et dit :

« Pour la Saint-Venceslas, vous nous avez demandé un jour de trêve. Aujourd'hui, nous vous faisons la même demande, un chasseur va épouser une femme de chambre, et nous désirons organiser une noce digne de ce nom. »

« Vous l'aurez », dit aimablement le hetman. Le messager présenta ses compliments et prit le chemin du retour.

Le jour suivant, bien avant midi, les assiégeants de Prague entendirent une musique de bête qui venait du château. Des violons, des

cornemuses et des tambours jouaient de joyeux airs de danse, et le vent apportait les cris animés des invités de la noce. Pourtant, à cet instant, nul ne se mariait au château. L'orchestre jouait, mais personne ne dansait. Des cris saluaient les nouveaux époux dont il n'y avait pas non plus la moindre trace. Comme dans les mariages où les tables sont surchargées de victuailles, des toasts étaient portés selon la tradition, mais ceux qui devaient lever leur verre n'avaient pour seul écho que le grondement sourd de leur estomac. Les gens de Karlstejn imitaient les bruits d'un mariage avec tant d'ingéniosité que les Pragois sous les murailles ne soupçonnèrent pas le stratagème.

« Ils se réjouissent et festoient gaiement là-haut, alors qu'ici nous avons peur », se plaignaient les assiégeants de fort mauvaise humeur, tout en lançant des regards furibonds à leurs tentes trempées.

Au château, les assiégés ne perdaient pas de temps. Ils attrapèrent la dernière chèvre qui courait encore dans la cour du château, et après l'avoir abattue et dépecée, ils prirent l'un des quartiers arrière et l'enveloppèrent dans une peau de cerf qui servait de couverture de selle. Finalement, la viande ressemblait tellement à du gibier que le roi, pourtant grand chasseur, ne remarqua pas qu'il s'agissait d'un quartier de chèvre. L'intendant appela l'un des pages et lui ordonna d'apporter cette viande au camp des Pragois.

« Prends garde de ne le donner à personne d'autre qu'au chef, Jan Hedvik, lui-même », lui recommanda-t-il. Et il lui murmura à l'oreille tout ce qu'il devait dire à Hedvik.

Le jeune homme était doué d'une excellente mémoire et d'une parfaite élocution. Les sentinelles des assaillants pragois ne l'eurent pas plutôt amené au capitaine qu'il lui fit son discours comme un ambassadeur admis à une audience royale :

« Votre Excellence, Chef de l'armée de Prague ! Aujourd'hui, votre comportement si chevaleresque nous a permis de célébrer dignement le mariage et de consommer les meilleurs mets et boissons. Son Altesse, le royal souverain du château de Karlstejn désire vous remercier du fond du cœur, ainsi que le marié. Il vous envoie ici un quartier d'un cerf abattu hier, en espérant que vous apprécierez la finesse exceptionnelle de sa chair, et qu'ainsi vous serez d'humeur joviale. »

Jan Hedvik écouta ce discours avec grand plaisir, et remercia avec courtoisie.

Il faillit demander au page où et comment les habitants de Karlstejn s'étaient procurés ce gibier. Mais, il préféra prendre congé le plus sereinement et le plus civilement possible.

Sitôt le jeune homme reconduit hors du camp, tous ceux qui étaient restés près d'Hedvik et avaient entendu, se ruèrent autour de lui.

« Non, nous ne réussirons jamais à nous emparer de ce château, dussions-nous rester ici cinq hivers de plus. Nous pouvons constater qu'ils se procurent tout ce dont ils ont besoin, ils doivent avoir des issues et des passages secrets. Retournons à Prague auprès de nos femmes et de nos enfants, nous ne réduirons jamais à la famine les habitants de Karlstejn ! »

Jan Hedvik jeta à nouveau un coup d'œil à la viande offerte en cadeau et baissa la tête. Bon gré mal gré, il lui fallait admettre que son peuple avait raison.

Et c'est ainsi que le jour de la Saint-Martin, quand la première neige légère saupoudra les champs et les bois, les soldats de Prague levèrent le siège de Karlstejn et repartirent les mains vides. Depuis, les assiégés du château se réjouissent quand ils se souviennent qu'un simple morceau de vieille chèvre a fait battre en retraite la grande armée de Prague.

L'armure percée du château d'Eltz

Les châteaux pittoresques sont nombreux en Rhénanie centrale.

Le plus beau d'entre eux s'appelle Eltz, du nom de la rivière qui se jette un peu plus bas dans la Moselle. Il semble sorti d'un conte de fées : l'élégant et fier palais est couronné d'une nuée de tourelles ; les arcades des fenêtres en encorbellement sont bordées de croisillons finement ouvragés.

Dès le premier regard, on voit que les architectes n'ont pas hésité à utiliser les matériaux les plus nobles, il est vrai qu'Eltz a toujours appartenu à de nobles gentilshommes.

L'un d'eux, comme le raconte la légende, était le père de la douce Agnès qui, depuis sa plus tendre enfance, brillait par son exceptionnelle beauté et la subtilité de son esprit.

À la même époque, le domaine voisin appartenait au chevalier de Braunsberg qui avait un fils à peine plus âgé qu'Agnès. Les deux enfants avaient l'habitude de jouer ensemble quand leurs parents se rendaient visite.

« Quel plaisir de les voir ainsi s'amuser ! » dit un jour le seigneur d'Eltz au chevalier. « Pourquoi ne pas les fiancer dès à présent ? Quand ils auront grandi et seront devenus mari et femme, nous aurons ainsi noué un lien de parenté. »

Le seigneur d'Eltz, à vrai dire, se méfiait quelque peu du noble chevalier de Braunsberg. Il connaissait son goût prononcé pour les guerres et les pillages, et se demandait si Braunsberg n'aurait pas bientôt l'intention de se lancer à la conquête d'Eltz. Les fiançailles des deux enfants écarteraient probablement ce danger, se dit-il après mûre réflexion. Mais il ignorait alors qu'il s'apprêtait à commettre une erreur fatale !

Le chevalier de Braunsberg accepta la proposition. En ce temps-là, la coutume voulait que les gentilshommes fiancent leurs enfants dès leur plus jeune âge, et Agnès d'Eltz recevrait sans doute une riche dot.

Les pères s'étaient ainsi mis d'accord, mais ils ignoraient les sentiments d'Agnès. Le fils du chevalier ressemblait à son père, et il n'était jamais à cours d'imagination pour jouer les pires tours à Agnès. Au lieu de s'amuser avec elle, il passait son temps à lui tirer les cheveux, ou prenait un malin plaisir à lui casser ses jouets, et il la traitait avec la plus grande grossièreté. Finalement, la jeune fille, lasse de tous ses tours, l'évitait comme la peste.

Cependant, cela n'émouvait pas le jeune Braunsberg.

« Nos parents nous ont promis l'un à l'autre, et c'est là l'essentiel », s'esclaffait-il quand Agnès était au bord des larmes à cause de ses méchancetés. « En tant que future épouse, vous ne devriez pas me regarder avec cet air renfrogné. »

Les années passèrent, et les enfants grandirent. Un beau jour, les préparatifs pour la cérémonie du mariage commencèrent au domaine de Braunsberg. Les parents des fiancés avaient invité beaucoup de monde au château d'Eltz, et les membres des deux familles se réunirent dans la grande salle pour déterminer le déroulement de la cérémonie.

Le futur marié se pavanait devant les invités. Agnès, assise dans un coin, livide, se préparait à accomplir une action d'éclat pour laquelle elle rassemblait déjà depuis longtemps toutes ses forces. Elle savait que c'était sa dernière chance.

« Au moment où tous les invités auront le regard fixé sur nous, je m'agenouillerai devant mes parents, et les supplierai de rompre mes fiançailles avec le fils du chevalier de Braunsberg. Je ne serai jamais l'épouse de ce rustre, même si je dois m'enfuir d'Eltz et devenir bergère pour gagner ma vie », songeait-elle, quand, tout à coup, le marié se présenta devant elle.

« Les parents s'entretiennent gaiement, et mon Agnès a un air maussade comme si elle venait d'avaler du vinaigre. Levez-vous Agnès, et embrassez-moi comme il sied à ma future épouse ! »

« En récompense de votre grossièreté et de vos insultes sans doute ? » rétorqua Agnès. Elle se leva, tourna le dos au jeune homme, et se dirigea vers la porte.

Le jeune homme ainsi rejeté, devint rouge de honte et de colère. Oser lui faire subir un tel affront devant toute la famille ! Sans un mot, il empêcha la jeune fille de passer et la gifla avec son gant.

Un silence de mort s'établit. Toute la salle était consternée par l'arrogance du jeune homme.

Le premier qui retrouva ses esprits fut le père d'Agnès. Il se rua sur le fils du chevalier et le poussa au travers de la porte avec une telle force que le garçon atterrit sur le carrelage du vestibule.

Tous les membres de la famille de Braunsberg se levèrent alors et, profondément offensés, quittèrent la salle et le château.

À partir de ce jour, les deux voisins devinrent des ennemis mortels. Il ne se passait guère de semaines sans que quelque fourberie n'ait lieu entre les deux domaines. Ainsi les Braunsberg asséchaient-ils une mare pleine de carpes appartenant aux Eltz, qui par vengeance, coupaient une vigne appartenant aux Braunsberg. Parfois aussi, ils obstruaient les routes du voisin avec des pierres, ou conduisaient ses troupeaux dans les marécages ou dans les crevasses . . .

Ainsi, les relations entre les deux familles ne cessèrent-elles de s'envenimer. La haine qui les opposait devint telle qu'ils en arrivèrent à de sanglants affrontements. Cependant, le plus heureux était le fiancé évincé. Il avait obtenu l'autorisation de son père de prendre la tête d'un groupe de mercenaires soigneusement sélectionnés, pour entreprendre des expéditions de plus en plus violentes contre le domaine d'Eltz. Son désir de se venger d'Agnès le guidait.

« À cause de vous, j'ai été jeté comme un misérable hors du château d'Eltz, maintenant, vous allez chèrement payer cet affront ! Mon père et moi trouverons un moyen, la prison peut-être, de vous faire dire « oui » devant l'autel », murmurait-il, les dents serrées. « C'est l'unique façon de sauver mon honneur ! »

Il commença à échafauder des projets pour enlever Agnès du château d'Eltz. Enfin vint le jour où il crut avoir trouvé un excellent stratagème.

Peu de temps après, l'un des gardes-chasses qui s'occupait des bois bordant le manoir, arriva à Eltz en courant et, hors d'haleine, rapporta ceci :

« La nuit dernière, un important détachement des Braunsberger a marché vers la vallée de Badger ! »

C'était le nom de la gorge rocheuse qui marquait la frontière entre les deux manoirs, et le père d'Agnès savait mieux que quiconque combien cette zone était vulnérable.

« Ne perdons pas de temps », s'exclama-t-il en entendant le rapport du garde-chasse. « Encerclons la vallée avant qu'ils n'entreprennent leur expédition ! »

Ne laissant qu'une poignée de gardes au château, le seigneur d'Eltz, accompagné de ses fils, se mit en route pour ces gorges reculées, à la tête d'une importante armée. Il ne soupçonna pas un instant qu'il pouvait être victime d'un stratagème de ses ennemis. Les gorges de Badger étaient vides : le garde-chasse déloyal s'était laissé corrompre, il avait volontairement donné une fausse alerte.

Le château fut ainsi laissé sans défenseurs alors que la nuit descendait déjà sur ses toits et ses remparts. Le jeune maître de Braunsberg accompagné d'une troupe de mercenaires expérimentés, attendait depuis longtemps déjà de l'autre côté de la colline.

« Eh bien, ne l'ai-je pas convié à une petite promenade à cheval », se dit-il avec satisfaction quand il vit le seigneur d'Eltz franchir la grille suivi d'une troupe de cavaliers.

Il ressentait encore le coup puissant donné par le père d'Agnès qui lui avait fait traverser la salle d'apparat.

« Maintenant je vais assouvir ma vengeance, en enlevant votre fille bien-aimée », marmonna-t-il dans sa barbe, et, il se voyait déjà en train de franchir au galop la grille du château d'Eltz avec Agnès dans les bras.

À présent, bien sûr, la grille du château était solidement maintenue par un madrier, mais cela n'arrêtait pas le jeune Braunsberg. Lors de ses visites antérieures, il avait repéré l'endroit où l'on pouvait escalader facilement le mur du château grâce aux interstices qui séparaient les pierres.

« Faites vite avant que la lune ne se lève », ordonna-t-il aux mercenaires dès que l'obscurité enveloppa la campagne.

Le seul garde à l'extérieur des murailles, vieil homme revêtu d'une armure, était assis, pelotonné sur lui-même, et dormait dans l'une des galeries. Les assaillants purent aussi escalader le rocher et la muraille sans être vus. Pourtant, une surprise les attendait dans la cour. La seconde grille qui permettait d'accéder au château était verrouillée, cela n'était pas habituel au château d'Eltz.

« Au diable cette maudite grille ! Au diable

cette expédition ! » jurait sans cesse à haute voix le fils du chevalier. « Comment allons-nous entrer maintenant ? »

En entendant jurer leur chef, les mercenaires ne voulurent pas être en reste. Les uns après les autres, ils commencèrent à jurer vigoureusement, réveillant tout le monde dans le château.

Agnès fut une des premières à se lever ; et en regardant dans la cour par la fenêtre, elle vit au clair de lune les silhouettes conduites par son ancien promis. Elle comprit ce qui se tramait. Les assaillants avaient désormais accès à la cour située à l'intérieur de la grille. Ils ne mirent pas longtemps à dégager le madrier de la barrière, et l'utilisant comme bélier, ils enfoncèrent la seconde grille menant au palais.

« Plutôt mourir au combat qu'être prisonnière des Braunsberg ! » Cette pensée traversa l'esprit de la jeune fille. Elle courut à la salle d'armes où étaient rangées les armures de ses frères, et choisit la plus petite qui appartenait au plus jeune d'entre eux. Elle la revêtit rapidement, décrocha du mur la plus légère des épées, et se rua dans la salle basse.

Les quelques hommes en armes de la garnison d'Eltz qui restaient au château se concertaient déjà pour déterminer ce qu'il convenait de faire. Attendre que les assaillants enfoncent la grille et s'engager dans la bataille quand ils entreraient ? Ou se retirer dans l'une des tourelles sous les toits avec l'espoir que la porte résisterait à un assaut ?

« Attendre que les Braunsberg attaquent alors qu'ils nous sont tellement supérieurs en nombre ! » s'écria Agnès. « Tâchons d'anticiper en les attaquant par l'arrière, c'est notre seule chance de gagner ! Suivez-moi tous vers la porte secrète ! »

La jeune fille en armure, l'épée à la main, chez qui le danger d'un assaut déloyal avait

éveillé un courage de soldat, gagna rapidement la confiance de tous, du commandant au plus jeune combattant. Conduits par Agnès, ils se glissèrent par le passage secret, et rampèrent silencieusement le long des murailles jusqu'à ce qu'ils arrivent derrière les mercenaires qui ne se doutaient de rien.

« Précipitons-nous sur eux ! » crièrent soudain les assiégés, et ils attaquèrent les troupes en déroute avec des hallebardes, des haches, des massues, et tout ce qu'ils pouvaient trouver.

Agnès se comportait comme un véritable chef. Son armure brillait toujours dans le clair de lune, à l'endroit où il était le plus opportun d'attaquer, et le chevalier de Braunsberg ne tarda pas à s'en rendre compte.

« Ainsi, le seigneur d'Eltz avait laissé son

plus jeune fils sur place », se dit-il en reconnaissant l'armure du dernier tournoi. « Il ne se débrouille pas mal pour son âge ! Il se débrouille même si bien que je vais lui donner une leçon ! »

Le jeune Braunsberg tenant fermement son lourd pistolet à deux mains, posa son barillet sur un poteau destiné à attacher les chevaux, et au moment où l'armure brilla dans le clair de lune, il visa sa cible et tira. Quand la fumée se dissipa après le coup de feu, il vit qu'il avait atteint son but. Le chef, revêtu de l'armure de tournoi, gisait inanimé sur le sol.

D'un bond, Braunsberg se rendit rapidement auprès de lui. Oui, la balle avait bien traversé la légère cuirasse de métal juste à l'endroit où, quelques instants auparavant, battait un cœur humain. Alors seulement le regard du chevalier

se posa sur le visage de sa victime, et tout à coup, il cessa d'entendre le grondement de la bataille. Horrifié, il regardait fixement le visage d'Agnès.

Il tomba à genoux, pressant son front contre l'armure de la jeune fille, et il se mit à marteler de ses poings, comme un insensé, les pavés de la cour.

« Non, Dieu m'est témoin que je n'ai pas voulu cela », criait-il sans cesse.

« Garde-toi de prendre Dieu à témoin », dit soudain une voix derrière lui.

Braunsberg reconnut la voix tout de suite : c'était celle du vieil homme en armure, qui accompagnait belle Agnès dans toutes ses excursions. Ce furent les derniers mots qu'il entendit de son vivant, car le coup de massue assené par l'homme en armure fut le coup de grâce.

La mort d'Agnès engendra un désir de revanche si fort dans les cœurs des assiégés que, dans l'obscurité de la nuit, les assaillants pensèrent que le nombre des Eltz avait soudain triplé. Les mercenaires sonnèrent une retraite rapide vers la grille principale, d'autant plus rapide qu'ils avaient perdu leur chef. Leur seul objectif était désormais de s'éloigner du château avec le moins de morts possibles.

Ainsi la violence et l'orgueil indomptable furent-ils la cause de deux morts inutiles et d'un grand chagrin pour les familles en deuil. Longtemps, après ce triste événement, on montrait aux visiteurs du château d'Eltz l'armure de tournoi percée, seul souvenir de la charmante Agnès.

Le glouton de Rodeneck

Les châteaux des Alpes du Tyrol n'ont pas été construits seulement à cause de la beauté exceptionnelle du site. Ils servent aussi d'avant-postes de défense en cas de conflit ou de guerre. En effet, de nombreuses expéditions ennemies traversaient les gorges du Tyrol et ses vallées étroites. Ces châteaux, solidement fortifiés, étaient destinés à prévenir ces divers mouvements.

Même Rodeneck, construit sur un étroit piton rocheux, au-dessus de la rivière Rienz, avec sa puissante tour pentagonale et ses bastions, ressemblait davantage à une forteresse qu'à un château. Les lances sur les meurtrières, et les créneaux d'où l'on déversait la poix bouillante sur les assaillants, suscitaient autant le respect que les pierres gris-bleu de ses murs. On devinait la force colossale de ses murailles, de même que le nombre impressionnant des arbalètes et des tromblons dissimulés dans les galeries et les mâchicoulis.

Ce vaste château terrifiait les ennemis ; aucune autre forteresse ne pouvait, de près ou de loin, lui être comparée.

Et pourtant, aucun des seigneurs successifs qui l'avaient occupé n'en avait été vraiment satisfait.

« Pourquoi Glouton, ce spectre sans vergogne, a-t-il précisément choisi d'errer dans le très digne château de Rodeneck ? » demandaient-ils aux chroniqueurs qui connaissaient toute l'histoire du château. Mais le dernier en date se contentait de répondre en haussant les épaules : « Il en est ainsi depuis que le château existe.»

Glouton occupait le labyrinthe des couloirs et des caves taillés à même le rocher, sous le château, et il était impossible de le capturer.

« Il a, de nouveau, léché toute la crème des jattes », se plaignaient les domestiques dans la cuisine du château. « Et il a aussi mordu dans les pommes destinées au repas de Noël ! »

À vrai dire, Glouton avalait tout ce qu'il trouvait dans les celliers, et son apparence s'en ressentait. Bien qu'il s'efforçât de se dissimuler aux yeux des habitants du château, certains d'entre eux l'avaient aperçu. Ils avaient alors raconté que ce spectre plantureux avait un ventre si gros qu'il lui fallait une brouette pour le soutenir. Au-dessus de son ventre, sa tête était aussi grosse qu'un potiron, avec une bouche largement fendue d'une oreille à l'autre. Le spectre courait le long des couloirs sur ses jambes courtes et torses, et sans cesse se mordait les lèvres. Mais quand, par hasard, il ouvrait la bouche, tous ceux qui l'avaient vu avaient été horrifiés. Sa bouche était si grande qu'elle aurait pu contenir un carrosse à quatre chevaux tout entier.

« Pourquoi avoir choisi Rodeneck pour lui imposer de telles calamités ? » grommelaient de concert l'écuyer et le capitaine, en s'asseyant pour jouer aux cartes chez le seigneur. « Il me semble que notre château mérite un meilleur spectre que celui-ci qui ne cesse de se gaver de crème et de pommes de Noël ! »

« Un château d'une telle importance stratégique mériterait au moins un chevalier sans tête convenablement harnaché », suggéra le capitaine.

« Même un squelette qui traînerait ses os blanchis et cliquetants serait plus convenable qu'un spectre obèse qui porte son ventre dans une brouette ! » ajouta l'écuyer d'un air furibond.

Ils réfléchissaient ainsi, d'un air lugubre, tout en jouant aux cartes, jusqu'à ce que le seigneur jette son jeu sur la table en disant :

« Nous allons affamer Glouton ! Car tant qu'il sera là, aucun spectre digne de ce nom ne voudra s'installer ici ; Glouton serait capable d'engloutir le chevalier sans tête avec son armure, et encore plus volontiers le squelette. Dès demain, j'interdis formellement qu'on entrepose de la crème dans les celliers, même si elle doit tourner et devenir aussi aigre que du vinaigre. Et je veux qu'on cache les fruits d'hiver. »

Et, ainsi fut fait. Le soir même, Glouton s'agita tant au sous-sol, que le château en fut ébranlé jusque dans ses fondations. Il fit des dégâts comme un sanglier devenu fou ; il explora toutes les étagères et les tablettes. Le pire fut quand il se mit à faire rouler, dans un bruit de tonnerre, des têtes de porc le long des corridors.

Les domestiques du château, complètement paniqués, cherchèrent à s'abriter dans les recoins des étables et dans les débarras, et même l'écuyer et le seigneur étaient inquiets.

« Ne nous décourageons pas, nous vaincrons ! » Le capitaine de la garnison haranguait ainsi toutes ses troupes.

« Nous allons condamner Glouton à mourir de faim. Sans crème, il ne survivra pas. »

Et le spectre disparut du château cette nuit-là. À l'aube, il traversa un champ de navets proche du village et se jeta sur les légumes, affamé. Mais à peine en eut-il ramassé et avalé quelques-uns que des paysans, armés de fourches et de fléaux, arrivèrent en courant. Ils avaient pris Glouton pour le sanglier qui avait déjà saccagé leurs moissons, et ils le poursuivirent.

Glouton ne comprit pas comment il était parvenu à la route qui mène à la ville, après le village, mais, désormais il avait vraiment perdu toute sympathie pour l'espèce humaine !

Cependant, comme pour le narguer, peu de temps après, il aperçut, sur la route, une étrange silhouette qui s'approchait.

« Je brûlais justement de vous rencontrer, misérable vermine humaine », maugréa le spectre d'un ton bourru. Et, il se transforma en chasse-roue si épais que l'on aurait dit une souche de chêne, Glouton était en réalité plus large que haut.

Or, le voyageur qui approchait était verrier. Dans sa hotte, il transportait sa fragile marchandise pour la vendre à la ville. Il avait parcouru un grand nombre de kilomètres, et quand il vit le chasse-roue, son visage s'éclaira comme un clair de lune.

« Je vais m'arrêter ici pour me reposer un peu. J'ai enfin trouvé un endroit où poser ma hotte ! » Mais à peine eut-il détaché ses courroies et posé sa hotte sur le chasse-roue que celui-ci disparut comme dans un rêve, la hotte tomba sur le sol, et son contenu se brisa en mille morceaux. Glouton s'était transformé en buisson de bardane. « Pourquoi servirais-je de support à un être humain qui porte une hotte », pensa-t-il en un éclair.

Pendant un moment, le verrier se lamenta sur le petit tas de verre, mais au lieu de pleurer, il invoqua tous les feux de l'enfer, piétinant avec fureur les éclats de verre et la hotte.

« Je vais vous donner une leçon », s'écria Glouton qui ne supportait pas les cris humains. Aussi se transforma-t-il en un vif taureau qui balançait sa queue avec violence et baissait sa tête ornée d'une superbe paire de cornes.

Mais le verrier n'eut pas peur du tout ; dans sa colère, il saisit l'animal par les cornes, l'attacha avec les courroies de sa hotte, et courut avec lui hâtivement vers la ville.

« Tu étais seul sur la route, sans maître. Par conséquent, selon la loi en vigueur en ce lieu, tu m'appartiens, et je peux te vendre. C'est ce que je vais faire. Je récupérerai ainsi en partie la perte que j'ai subie avec ma marchandise cassée », déclara-t-il à Glouton réincarné en taureau. Avant que le spectre n'ait retrouvé ses esprits, ils arrivèrent au marché aux bestiaux.

Ils n'attendirent pas longtemps : le vigoureux taureau attira tout de suite l'attention d'un riche fermier.

« Combien en voulez-vous ? » demanda-t-il au verrier qui n'était guère expérimenté dans ce domaine. Il demanda un prix si ridicule que le fermier ne marchanda pas, et tout heureux de l'affaire qu'il venait de conclure, il laissa l'animal à l'étable.

La première bouchée du tas de foin que l'on mit dans la mangeoire de Glouton lui ôta tout espoir de pouvoir apaiser sa faim. L'estomac de Glouton réclamait sa nourriture habituelle, celle du château.

L'herbe séchée ne lui convenait guère.

« De l'herbe », dit-il avec une moue dégoûtée.

« Est-ce pour cela que je vais supporter d'être attaché là, au bout d'une chaîne ? »

Puisqu'il pouvait se transformer à volonté, il choisit d'être moustique, s'envola par la fenêtre et se dirigea vers la cour.

La maîtresse de maison était alors en train de verser de la crème dans la baratte pour en faire du beurre. Glouton, changé en moustique, poussa un cri de joie. Sans attendre que la femme ait fini de verser la crème, il vola dans la baratte et se mit aussitôt à nager avec délice au cœur de sa friandise préférée. Mais avant qu'il ne puisse la déguster, la fermière le prit entre deux doigts et écrasa l'une de ses fines pattes.

« Cette vermine craquante ose tomber dans la crème », hurla-t-elle, rouge de colère. « Mais tes jours sont comptés, sale mouche, je vais te réduire en bouillie ! »

Les choses tournaient si mal pour Glouton, que sa seule chance de salut était de reprendre sa forme initiale.

La fermière tomba à genoux de stupéfaction quand Glouton apparut devant elle dans toute son opulence et avec sa brouette. Pourtant, celui-ci n'avait pas envie d'effrayer qui que ce soit. Depuis que la fermière avait écrasé sa

jambe gauche, elle était encore plus torse qu'auparavant, et lui faisait horriblement mal.

Il aurait pu aller vers la fermière calmement, mais déjà les servantes accouraient en demandant : « Quel est cet individu qui a envahi notre ferme ? »

Avant que Glouton n'ait réussi à sortir en clopinant par la grille, elles avaient jeté une bâche sur lui et l'avaient soigneusement ligoté avec les courroies que l'on utilisait pour les vaches. On ne voyait plus que sa tête.

« Nous te tenons à présent, tu ne nous échapperas plus! »

Elles ignoraient, bien sûr, que Glouton pouvait se tirer de tous les mauvais pas.

« Rira bien qui rira le dernier », ricana-t-il sous cape. Mais ce fut d'un air contrit qu'il dit à voix haute :

« Je n'ai rien mangé depuis hier, braves gens. Une faim terrible me ronge les entrailles. Faites de moi ce que vous voulez, mais d'abord, je vous en supplie, donnez-moi à manger. Une poignée de terre suffira ! »

« Voyez comme le glouton de Rodeneck a des goûts modestes tout à coup », disaient les valets en riant. Glouton avait la réputation en effet d'être un fin gourmet.

Ils emplirent pour lui un bac de terre, mais au moment où ils la lui versaient dans la bouche, ils restèrent stupéfaits. Glouton avait disparu comme si le sol l'avait englouti. Quand ils défirent la bâche, ils ne trouvèrent à l'intérieur que le petit tas de terre qu'ils avaient donné à manger à Glouton un instant auparavant.

Ils ignoraient que le spectre de Rodeneck pouvait s'évader sans laisser de trace à l'instant où il avalait une seule bouchée de terre.

Glouton disparut tout à fait et pour toujours du Tyrol. Et le château de Rodeneck fut ainsi débarrassé de son avide spectre.

La tour de l'épouse fidèle

À l'endroit où le fleuve Koura quitte le sol géorgien, s'élève une ancienne borne dans un étroit défilé de la montagne. Aujourd'hui, on ne distingue pratiquement plus le sentier qui menait à la tour, dans ce précipice escarpé.

On raconte que la tour est l'unique vestige d'un petit château qui avait appartenu à un gentilhomme appelé Torgva. Son courage et son sens de l'équité étaient connus à des lieux à la ronde. Il défendait les pauvres montagnards contre la malveillance d'un prince très puissant, qui trouvait que le petit manoir de Torgva ne payait pas assez d'impôts.

« N'êtes-vous pas mon vassal après tout ? » demandait le prince avec colère quand il rencontrait Torgva pour vérifier les comptes.

« N'oubliez pas que la taxe que je vous ai imposée implique aussi l'obligation d'obéissance ! »

Torgva n'avait pas l'habitude de s'abaisser devant le prince.

« Vous savez aussi bien que moi, Sire, que même le plus qualifié de mes hommes est plus pauvre que le dernier des paysans de votre cour, et que ma bourse est encore moins garnie que celle de n'importe quel soldat de votre garde. »

« Votre pauvreté ne tient qu'à vous », rétorqua le prince.

« On dit que vous ne demandez même pas une dîme convenable à vos serfs. »

« Sur les champs des coteaux, il y a plus de pierres que de terre. Peut-on m'imaginer, assis à une table bien garnie en train de regarder les autres mourir de faim ? » répondit Torgva furieux. « Mon château, construit sur le roc, est certes petit, mais il a toujours protégé la région des invasions étrangères, y compris vos propres États, cher prince ! Plus d'un montagnard y a risqué sa vie, cela ne vous semble-t-il pas une taxe suffisante ? »

Il tint ce discours courageux en regardant le prince droit dans les yeux.

Quand il retourna à son château, il s'empressa d'oublier la dispute. En effet, sa jeune épouse, Nina, qu'il aimait tendrement, se tenait debout près de la grille pour l'accueillir. Il savait qu'elle était aussi capable que lui de défendre le château. Torgva pouvait donc, sans inquiétude, partir à cheval pour de longues expéditions de chasse dans les forêts des environs.

Le jeune couple vivait dans l'harmonie et la sérénité, sans se douter qu'un gros nuage viendrait bientôt assombrir leur bonheur.

« Ce misérable vassal », se disait le prince en pensant aux propos de Torgva, « il me parle comme à un égal, et prend le parti des serfs. En plus, il s'oppose à ma volonté. Ma patience a des limites. Je ferai raser son nid rocheux ! » Mais le prince fut soudain soucieux en pensant au château de Torgva. Car, bien que souvent exposé aux agressions, le château n'avait jamais été envahi par personne. On ne pouvait y accéder que par un défilé très étroit, qui, de surcroît, était si escarpé qu'il fallait se mettre à quatre pattes pour le gravir. À quoi servirait une armée arrivant épuisée sur le lieu du combat ?

Aussi, après une brève réflexion, le prince convoqua-t-il des hommes de confiance pour qu'ils le conseillent sur la meilleure façon de capturer Torgva. Ce fut une réunion très animée : chacun exposait ses idées, et voulait faire étalage de son savoir dans l'art de la guerre. La discussion se transforma très vite en un véritable brouhaha. Le prince dut rétablir le silence. On se rendit alors compte que quelqu'un attendait à la porte. Un homme, un bâton à la main, désirait instamment parler au prince d'un sujet d'importance.

« Faites-le entrer », s'écria ce dernier en faisant un geste de la main.

Dès que l'étranger se fut approché, il lui cria brutalement : « Eh bien, allez-y, parlez. Mais si votre discours est dépourvu d'intérêt, je vous fe-

rai rouer de coups avec votre propre bâton ! »

« Permettez-moi tout d'abord de me présenter », dit l'étranger. « Je suis le berger de vos précieux ânes. Mais je ne vous cache pas que si vous aviez la bonté de prêter une oreille attentive à ce que je vais vous dire, et de me récompenser en me donnant un travail plus valorisant, je vous en serais reconnaissant jusqu'à la fin de mes jours. »

« Venez-en au fait ! » dit le prince en trépignant d'impatience. « Mais évitez de me parler d'ânes, car je m'en fiche éperdument ! » Et il pensa intérieurement : « j'ai mon compte d'ânes stupides dans cette salle. »

« J'ai été témoin de la discussion que vous avez eue au sujet de Torgva », poursuivit l'homme. « Je fais paître les ânes près de la rivière, au pied de son château. Vous ne viendrez jamais à bout de ce vassal par la force. Son peuple lui est entièrement dévoué, et sa résidence à même le roc est une forteresse inattaquable. Le chevalier Torgva ne peut être mis en déroute que par un habile stratagème. J'en ai imaginé un que je voudrais vous exposer, avec votre permission. »

« Eh bien, parle ! » dit le prince, les yeux brillants de curiosité.

« Au pied du rocher, il y a une prairie où l'herbe est épaisse et tendre, et les cerfs de la forêt viennent tous y chercher pâture. Seul Torgva sait combien de cerfs il a tués en cet endroit béni. Du château, il a vue sur le pâturage, il n'a même pas besoin de se mettre aux aguets dans les buissons. Si je pare l'un de vos ânes de beaux bois et d'une peau de cerf, et l'amène dans la prairie avant le lever du jour, Torgva, en chasseur émérite, ne résistera pas à la tentation, et, s'armant de son arc et de ses flèches, voudra abattre l'animal. »

« Comment osez-vous me proposer une plai-

santerie aussi ridicule ? » interrompit le prince. « Gardes, emparez-vous de cet homme et mettez-le au cachot. »

« S'il vous plaît, Sire, soyez encore un peu patient », s'exclama l'homme. Puis il ajouta plus bas : « La plaisanterie peut ne plus en être une si vous le désirez, voulez-vous entendre la suite maintenant ? »

Ces propos ranimèrent la curiosité du prince, et il arrêta les gardes d'un geste de la main.

Après avoir entendu l'exposé du berger jusqu'au bout, ses yeux reprirent l'éclat de la vengeance : « Effectivement, ce genre de plaisanterie vaut la peine d'être mise en œuvre. Parez l'âne immédiatement, qu'il soit prêt cette nuit même ! »

Le lendemain, au crépuscule, tandis que la brume matinale s'élevait des prairies au pied du château, Torgva se dirigea vers la fenêtre, et resta stupéfait. À travers ce voile de brume se détachaient les bois gigantesques d'un cerf qui baissait la tête pour essayer de paître.

Comme dans un rêve, Torgva s'empara de son arc et de ses flèches, et descendit avec précaution l'étroit passage qui menait au pâturage. Au moment où, caché derrière le tronc d'un vieil hêtre, il tirait sur la corde de son arc, ses mains se mirent à trembler comme s'il tenait l'arc pour la première fois. Jamais auparavant, on n'avait vu un tel animal en ces lieux. La flèche partit et le cerf, blessé, s'effondra. Le chasseur courut vers lui le poignard à la main.

Un cri désespéré venu du château l'avertit aussitôt : « Attention, c'est un piège ! » Mais au

même moment, Torgva tomba dans l'herbe, mortellement blessé par une flèche émanant des taillis.

Sa pauvre épouse avait vu trop tard l'homme caché dans le buisson. Il avait tiré au moment même où elle avait crié.

Ainsi l'affreux stratagème que le berger avait murmuré à l'oreille du prince venait-il de réussir. Mais l'histoire ne s'arrête pas là. Nina, la femme de Torgva, désespérée, courut à la tour du château et se jeta du haut du rocher . . . Ainsi accompagna-t-elle son mari bien-aimé jusque dans la mort. C'est pourquoi la tour, seul vestige du château, fut appelée la Tour de l'épouse fidèle.

Le comte Dracula

Avant qu'elle ne quitte la vallée au sud des Carpates roumaines, sous les pics couverts de neige où elle prend sa source, l'Arges est aussi claire que le cristal. Mais curieusement, il y a pourtant un endroit où ses eaux rougissent.

« C'est le sang des victimes de Dracula ! » disent ceux qui se souviennent des anciennes légendes, en pointant un doigt accusateur vers les collines boisées de Poenari au-dessus de la rivière. Ils n'admettront jamais que cette couleur n'est due qu'à des briques rouges tombées dans la rivière et provenant du château en ruines de Poenari.

Cependant, ce n'est pas par hasard si l'on parle de sang. Il y a plusieurs siècles, le château fut construit par le prince Vlad, qui a laissé le souvenir d'un administrateur juste mais d'une extrême sévérité. Il punissait de la même manière gentilshommes et paysans. Nul n'était épargné, quel que soit son sang ou sa lignée. En somme, toute la région tremblait devant lui.

Réputé cruel et sans pitié, on le surnomma Dracula, ce qui signifiait « le fils du démon ».

Mais comment savoir si ces rumeurs étaient réellement fondées ou si elles n'émanaient pas de l'imagination de ses nombreux ennemis.

De fait, nombreux étaient ses opposants comme en atteste l'histoire du château de Dracula situé au-dessus de l'Arges.

Les Turcs étaient, à cette époque, ses ennemis les plus redoutés. Ils avaient complètement envahi les Balkans, pourquoi auraient-ils quitté la fertile Valachie ?

Et les boyards du pays, les seigneurs des riches manoirs et des villages, étaient presque aussi cruels que les Turcs. En ces temps difficiles, ils auraient dû soutenir le prince, mais Dracula s'était souvent opposé à eux : il protégeait les serfs contre le despotisme des boyards avec la même sévérité qu'il traitait les voleurs.

Ainsi, par une nuit obscure, les boyards se réunirent-ils dans la ville de Tirgoviste pour conspirer contre le prince.

« Il nous faut convaincre le domestique de Dracula de verser du poison dans le vin que le prince boit après son souper », murmura le premier.

« Et qu'arrivera-t-il si son domestique lui révèle le complot ? » objecta un autre.

« Il vaut mieux que nous payions un assassin qui se cache dans un taillis pour tuer le prince

d'un coup d'arbalète, lors d'une partie de chasse », conseilla un troisième.

Ainsi se querellèrent-ils sur la meilleure façon de tuer Dracula, jusqu'à ce que le boyard le plus riche, le chef de la conspiration, mit un terme à toutes ces discussions.

« Le goût du sang se lit dans votre regard, et vous ne voyez pas que nous pouvons faire d'une pierre deux coups. Livrons Vlad au sultan turc contre une bonne rançon. Pour un tel prisonnier, il nous donnera beaucoup d'or. Nous serons délivrés de Dracula et, de plus, nous toucherons de l'argent. »

Un tel discours les rallia, car tous étaient fascinés par l'or. Aussi ne restait-il plus qu'à trouver un ingénieux stratagème pour s'emparer du comte et le capturer vivant. Ils fixèrent le jour de Pâques, où ils assisteraient tous à la messe de l'église du village.

À minuit, ils se séparèrent sans se douter que l'un des boyards présents était un espion de Vlad.

Quand le comte apprit ce qui se tramait, il voulut punir les traîtres et les faire empaler à titre d'exemple.

Cependant, son premier mouvement de colère apaisé, il s'assit et se mit à réfléchir, à tête reposée, à tout ce que lui avait appris son espion.

« On peut toujours apprendre, même de son pire ennemi », se dit-il enfin.

« Au fond, pour moi aussi, l'ennemi peut s'avérer plus utile vivant que mort, attendons ! »

Pâques, la grande fête de l'année, arriva plus vite que l'on ne pensait.

Les boyards revêtirent leurs superbes tuniques et ils attachèrent les plumes d'autruche de leurs capuchons avec des boucles de diamants. Leurs épouses et leurs filles portaient des robes de soie richement brodées, et tous s'acheminaient dignement vers l'église.

L'hymne solennel de la Résurrection résonnait triomphalement sous les voûtes de la cathédrale, mais les boyards avaient d'autres préoccupations. Chacun d'entre eux se remémorait tous les stratagèmes, toutes les ruses et tous les

pièges qu'il avait pu imaginer contre Dracula. Chacun songeait avec fierté aux louanges que les autres conspirateurs lui adresseraient lors de la réunion secrète prévue la nuit prochaine.

Cependant, ils avaient mis toute leur énergie à chercher comment piéger le comte mais n'avaient pas imaginé un seul instant que le piège se retournerait contre eux.

La messe venait juste de se terminer et les portes de l'église étaient largement ouvertes quand les boyards s'aperçurent qu'ils étaient encerclés de tous côtés par les hommes en armes de Dracula comme des cerfs forcés à la chasse.

« Par une si belle journée, après cette superbe messe, un troll des montagnes serait bienvenu. »

La voix puissante de Dracula lui-même couvrait le son des cloches et, de la selle d'un alezan rouge comme une flamme, il désignait de sa massue les sommets des montagnes qui limitaient l'horizon.

Les hommes en armes se ruèrent alors sur les boyards et leurs familles, et, à l'aide de leurs javelots, les firent se mettre en file. Avant que les conspirateurs n'aient réalisé ce qui leur arrivait, ils avaient quitté la ville.

La route qu'ils suivaient était large. Elle conduisait à l'ancienne ville de Curtea d'Arges, et les boyards reprirent courage :

« Ceci n'est que l'une des cruelles plaisanteries habituelles de Dracula. Il veut simplement fêter Pâques à Curtea d'Arges de manière princière, cette longue marche doit éveiller notre appétit. »

Mais sur les ordres de Dracula, dans les rues de Curtea d'Arges ils durent se mettre à courir. Puis ils prirent la route qui conduisait vers la montagne et qui n'était qu'un étroit sentier plein de creux et bosses. Les femmes des boyards se plaignaient amèrement, car leurs robes brodées perdaient peu à peu leur éclat sous les éclaboussures de boue. Les hommes, cependant, leur enjoignaient à mi-voix de se taire pour ne pas augmenter la colère de Vlad. Sur ce sentier sinueux qui longeait la rivière à une altitude de plus en plus élevée, ils ne pouvaient trouver que des gorges escarpées peuplées de bêtes sauvages, en somme rien qui confirme l'hypothèse d'un caprice du prince.

L'alezan et son cavalier silencieux continuaient à monter de plus en plus haut au sein des montagnes, en tête du cortège. Ce fut seulement à l'endroit où la vallée de l'Arges devient si étroite et si escarpée que les sommets des collines avoisinantes semblent se confondre avec le ciel, que le comte tira sur les rênes de son cheval et s'arrêta.

« Voyez-vous là-bas ? » dit-il en dirigeant sa massue vers la pointe du rocher qui se terminait par un mur, au-dessus de leur tête. À cette hauteur vertigineuse se trouvaient des pans de murs à demi détruits, se découpant sur le ciel. « Voilà tout ce qu'il reste du château qui faisait l'orgueil de la région. Vous ne connaissez pas ce nid d'aigle, vous n'en savez même plus le nom. Pourtant, vos ancêtres ont versé leur sang sur ses murs, pour le défendre contre l'ennemi. Tandis que vous, dans le luxe de vos salles à manger et de vos chambres à coucher, vous ne songez qu'à ma perte. Votre mort même serait peu cher payée contre une telle turpitude. Vous allez restaurer l'œuvre de vos ancêtres pour laver leur mémoire de cette tache. De ces ruines, vous allez ériger le nouveau château de Poenari ! »

Les boyards comprirent alors que leur complot avait été découvert. Ils tombèrent à genoux pour demander pardon. Dracula leur avait laissé la vie sauve, peut-être se laisserait-il fléchir !

« Nos serfs pourront mener à bien une telle construction beaucoup plus rapidement que nous-mêmes qui n'avons jamais, de notre vie, transporté la moindre pierre ! »

« Vos serfs ont assez peiné pour vos propres manoirs ! » tonna le comte pour toute réponse. « Vous transporterez les matériaux en haut du rocher de vos propres mains, et vous bâtirez des murs si épais qu'ils devront résister même aux fusils des Turcs. Vous creuserez un puits à même le roc et vous construirez un couloir qui

ira jusqu'à l'endroit où je me trouve. Je veux que les travaux soient terminés pour la fête de la Saint-Thomas, et que le soleil brille sur ses tours pendant des siècles ! Je suis convaincu que les douces et blanches mains de vos femmes et de vos filles, qui ont participé au complot, sauront vous aider utilement ! »

Son discours achevé, Vlad tourna la bride de son alezan, et lui éperonnant les flancs, il s'évanouit telle une apparition.

Après avoir aménagé des abris de branchages et de piquets, les boyards et leurs femmes se mirent au travail. Certains creusaient le roc à l'aide de ciseaux et de leviers, d'autres portaient des briques et du mortier sur leur dos, d'autres encore équarrissaient et taillaient les pierres destinées à la construction. Chargés de leurs fardeaux, ils remontaient le long du rocher, plus vite que les chamois, et leurs précieux vêtements n'étaient plus que haillons. Un grand nombre d'entre eux s'écrasaient sur les parois rocheuses des gorges sans fond et servaient de pâture aux aigles et aux animaux sauvages, d'autres les remplaçaient aussitôt pour que le château soit terminé.

Ils savaient que Dracula ne plaisantait guère, et qu'en dépit de ce dur labeur, il était préférable de garder la vie sauve plutôt que de mourir empalés.

Ainsi donc, pour la Saint-Thomas, la construction fut prête. Le château, comme sorti d'un conte de fées, brillait dans le soleil levant.

« Les murs semblent assez robustes pour résister aux balles de fusil les plus percutantes. Le puits est assez profond pour ne jamais s'assécher ; et le passage secret est suffisamment large pour permettre aux défenseurs de fuir un éventuel siège », dit le comte Dracula d'un air satisfait après avoir inspecté l'ensemble de la construction. Puis il se tourna vers le groupe de

travailleurs à demi nus qui étaient jadis les plus fiers gentilshommes du pays. Faisant un large geste, il dit :

« Je vous accorde ma grâce. Vous pouvez rejoindre vos demeures et vos terres. »

« Je crois que j'ai suffisamment puni leur vaniteuse perfidie et que je leur ai donné le temps de s'assagir », se dit-il. Mais il ne devait pas tarder à se rendre compte de la faute qu'il avait commise en les laissant partir.

Lorsque le sultan des Turcs envahit les plaines de Valachie, Vlad n'eut d'autre alternative que de se retirer dans les montagnes. Les boyards eux préférèrent subir le joug des Turcs plutôt que d'aider le comte dans sa résistance. Seuls sept seigneurs lui demeurèrent fidèles. Vlad se retira avec eux, dans le plus grand secret, dans le château de Poenari afin d'organiser la lutte contre l'ennemi turc.

Les discussions autour de la table de chêne dans la salle d'apparat durèrent longtemps. À cause de l'obscurité grandissante, ils avaient du mal à distinguer leurs visages respectifs. Aussi n'allumèrent-ils qu'une seule chandelle pour ne pas éveiller l'attention.

Tous sursautèrent en même temps : une flèche tirée de l'extérieur passa au travers de la fenêtre et se ficha droit dans la table, au milieu d'eux. Au même moment, un courant d'air glacial parcourut la salle et éteignit la chandelle.

Quand ils réussirent à la rallumer, ils trouvèrent un message solidement fixé à la flèche à l'aide d'un crin de cheval.

Les seigneurs se regardèrent, envahis d'un sinistre pressentiment. Que contenait un tel message ? En cette période de trouble, il ne pouvait s'agir que de mauvaises nouvelles !

Le comte avait déjà rompu avec fébrilité le crin de cheval et, tout en déroulant le message, il lut à haute voix :

« Vlad, Votre très Gracieuse Majesté ! Les Turcs sont proches, plus proches que vous ne l'imaginez. Ils sont arrivés ici jusqu'à Pietraria. Ils ont acheminé leurs fusils au sommet de la montagne et ils veulent détruire votre château d'une grêle de coups de feu. Fuyez tant que le passage est encore libre ! »

Pietraria était le nom de la montagne qui surplombait le rocher sur lequel se trouvait le château de Poenari et que l'on pouvait aisément viser de là-haut.

« Je connais cette écriture », soupira le comte après avoir terminé sa lecture. « C'est celle de mon neveu prisonnier que le sultan a traîné comme otage tout autour du camp. Et voilà que, le sultan lui-même a daigné prendre la peine de grimper jusqu'à Pietraria ! Cet avertissement est clair, il ne croit pas en la force des murs et des tours de Poenari, mais il ne les a pas vus de l'intérieur ! Sur mes ordres, les boyards les ont construits deux fois plus résistants qu'il n'est coutume, et je voudrais bien voir les fusils capables de les détruire. »

Résister dans le château jusqu'à ce que les Turcs épuisés ne lèvent le siège ! Telle était la volonté de Vlad et aucun des seigneurs n'avait envie de s'y opposer.

Dès l'aube, tous les Turcs se mirent à tirer, sans répit. Et le comte Vlad ne pouvait qu'observer, stupéfait, comment la pluie de boulets de canon avait aisément criblé les remparts et fait écrouler les murs de la tour.

Les boyards s'étaient ingénieusement vengés de ce travail de forcenés qu'avait exigé le prince lors de la construction du château de Poenari : pour assembler les briques et les pierres ils avaient utilisé de l'argile au lieu du mortier, et la robustesse des murs n'était qu'apparente ; à l'intérieur, ils étaient creux et minces.

« J'aurais dû faire empaler ces hommes perfides ! » fulminait le comte saisi d'une rage impuissante. « Dès aujourd'hui, je n'étancherai jamais assez ma soif de sang humain ! »

Est-ce que les murs effondrés de Poenari entendirent à ce moment cette abominable menace ?

Une cruelle déception attendait aussi les Turcs. Après avoir bombardé le château pendant trois jours consécutifs, ils décidèrent que l'heure était venue de prendre d'assaut ce qu'il en restait. D'un commun accord, ils escaladèrent les rochers escarpés pour accéder aux murailles. Et, comme les laborieux boyards auparavant, nombre d'entre eux trouvèrent la mort, s'écrasant dans les profondeurs de l'abîme.

Pénétrer dans le château tout en haut leur avait semblé la chose la plus aisée du monde, mais il n'y avait plus âme qui vive pour leur résister. Tout semblait mort à l'intérieur : ils fouillèrent toutes les cachettes et les moindres recoins, mais ils ne trouvèrent personne. Il n'y avait pas trace de Dracula ni de sa suite. Ils s'en retournèrent bredouilles et tête basse, vers leurs montagnes d'origine.

L'histoire court que le comte Vlad, accompagné de ses derniers fidèles, s'est enfui par un passage secret qui mène vers l'Arges, et qu'en remontant le courant, ils sont arrivés sains et saufs en Transylvanie, de l'autre côté de la chaîne des Carpates.

Mais d'autres encore prétendent que, transformé en vampire par son propre blasphème, il repose dans un cercueil dans une chambre reculée des ruines de Poenari.

Et par les nuits de pleine lune, quand résonne le long hurlement des loups dans les bois avoisinants, ils disent qu'ils voient encore une pâle lueur vacillante derrière les ouvertures des fenêtres dans ce qui reste des murs du château. C'est Dracula qui se lève de son cercueil dans lequel, ni vivant ni mort, il dort le jour. La nuit, muni d'un flambeau, il prépare ses forfaits. Il déploie en éventail ses ailes de chauve-souris qui ne cessent de grandir au fil des nuits, et quitte le château en un vol silencieux, pour étancher sa soif de sang humain. Avant l'aube, il retourne aux ruines du château.

Celui qui aurait la chance de le découvrir dans son horrible lit pourrait débarrasser l'humanité du terrible Dracula, et libérer Dracula lui-même de sa malédiction. Seul un homme extrêmement courageux peut y parvenir en perçant le cœur du comte à l'aide d'un pieu, semblable à ceux qu'il employait lui-même pendant son règne pour empaler les condamnés. Nulle autre arme ne serait capable de l'expédier dans l'autre monde. Ainsi, Dracula pourrait-il enfin mourir et atteindre la paix éternelle.

Le château enchanté de la forêt de d'Olsztyn

On raconte que jadis, au nord de la Pologne, se dressait un château au cœur de la forêt d'Olsztyn en Mazovie, région des mille lacs. Sur une des collines surplombant la Lyna, on pouvait voir des dalles obliques recouvertes d'herbe et de mousse, ressemblant au toit d'un vaste château enfoui sous le sol. Les dalles intriguaient les bûcherons. Ils racontaient que les bergers lançaient des galets dans les mystérieux interstices séparant les dalles, et les écoutaient résonner dans les profondeurs.

De nos jours, les buissons et les ronces ont tout recouvert, et seule reste vivace cette légende d'autrefois.

Le seigneur du château de la forêt d'Olsztyn était l'un des nobles les plus riches du pays : il possédait de nombreux coffres d'or, d'argent et de pierres précieuses. Des tapisseries rares ornaient les murs du château, et des fourrures d'ours géants et de loups, qui peuplaient les bois avoisinants, couvraient les sols.

Cependant, la décoration la plus somptueuse était celle de la salle d'apparat. Les murs étaient incrustés d'ambre, matière nordique jaune d'or. Là, les sujets venaient exposer leurs souhaits et leurs griefs ; ils étaient tous écoutés avec bienveillance, et justice leur était rendue.

En effet, le seigneur du château était un gentilhomme aussi bon que riche ; il veillait sur son peuple, et il n'y avait pas de miséreux sur son domaine. Warmia, son épouse, jouait le rôle d'une généreuse et douce mère auprès de leurs sujets. Elle soignait les malades, et aidait ceux qui avaient des difficultés comme s'ils étaient ses propres enfants.

Elle avait élevé ses douze enfants avec beaucoup d'amour. Devenus adultes, de son donjon ou de son château fort, chacun aidait son père à consolider le vaste domaine.

Chaque année, la famille tout entière se réunissait dans le château paternel. La châtelaine, Warmia, en compagnie de son mari, accueillait ses invités. Elle était vêtue de son costume blanc des jours de fête, orné d'un ruban rouge et un léger voile couvrait ses cheveux gris argenté. Elle cajolait ses petits-enfants, et la joie des retrouvailles rejaillissait dans tout le château. Les bois voisins retentissaient des hurlements des parties de chasse, et la salle des banquets résonnait des nombreuses conversations et des rires sans fin.

Après une semaine, tous regagnaient leurs demeures, et le château retrouvait le silence des forêts profondes.

Au fil des années, la fête de la Saint-Jean se déroulait selon ce rite immuable, pour le plus grand plaisir de tous. Mais, un jour d'été, alors que tout le château préparait la fête familiale, un cavalier exténué se présenta à la grille du château. C'était le chevalier Leshek, vieil ami du seigneur du lieu, qui rentrait à peine de voyage.

« Ce ne sont pas de bonnes nouvelles que je vous apporte, mon cher frère », s'exclama-t-il quand il fut introduit dans les appartements du châtelain. « Elles sont même si mauvaises que je n'ai pas pris le temps de m'arrêter chez moi. Deux des plus puissants chefs du voisinage rassemblent actuellement une grande armée, je l'ai vue de mes propres yeux ! Ils s'apprêtent à conquérir votre domaine et à détruire votre château. Ils ne tolèrent pas la façon dont vous

gouvernez, ni la bienveillance de votre femme envers les malades et les orphelins. Ils craignent que leurs peuples exigent la même chose ! »

Le châtelain contempla tristement son château. Les meurtrières du donjon étaient envahies par le lierre, des fleurs aux couleurs vives recouvraient les murailles, aux bastions les buissons verdoyants remplaçaient les canons de fusils.

« Sous mon règne, aucun coup de fusil n'a été tiré de ce château, et jamais aucune arme n'a été utilisée », dit-il en soupirant. « Comment en aurait-il été autrement ? Aucun agresseur n'a jamais franchi les limites de mon territoire. »

« Mais maintenant vos voisins pactisent avec eux, mon cher frère. Ne perdez pas de temps et renforcez les défenses du château », insistait le chevalier Leshek auprès du châtelain.

Il semblait si inquiet que le châtelain ordonna de faire un feu sur le plus haut bastion. En effet, c'était le signal convenu pour appeler ses fils et leurs soldats en cas de danger imminent. Par miracle, ceux-ci parvinrent à temps au domaine de leur père ; les ennemis l'avaient déjà envahi et avançaient rapidement vers le château. À la tombée de la nuit, les défenseurs pouvaient même observer la fumée qui s'élevait des bois environnants.

« Ils ont déjà monté leurs tentes. Et ils semblent assez nombreux pour assiéger tout le château ! » dit le châtelain d'un air lugubre, et il enlaça fermement les épaules de sa femme effrayée.

« Le château ne pourra jamais résister à de tels événements. Seule la magie de cette nuit de la Saint-Jean peut nous sauver de la ruine et de la mort », répondit-elle d'un air mystérieux.

Au même moment, un jeune garçon, du nom de Jean, sortait en courant de chez lui, de l'autre côté de la forêt, le visage bouleversé. Sa mère était soudain tombée malade, et il était seul à pouvoir la secourir : son père était mort en coupant un vieux chêne.

Le garçon courait aussi vite qu'il le pouvait en direction du château. « Warmia, la bonne châtelaine me donnera sûrement quelques potions qui rendront la santé à ma mère ! » murmura-t-il intérieurement, et il accéléra sa course.

Durant cette nuit de la Saint-Jean, les étoiles étincelaient plus que jamais dans le ciel, et la clarté de la pleine lune voilait les cimes des arbres d'une parure argentée. Était-ce le jeu des rayons de lune dans les branches ? Une créature magique avait-elle tracé un sentier sur la mousse sombre, comme par enchantement ? Le garçon suivait ce chemin comme dans un rêve, et ses pas semblaient guider en des lieux que personne n'avait empruntés avant lui.

Tout à coup, il vit une lueur mystérieuse en face de lui. S'approchant, il s'aperçut que le sentier prenait fin dans une clairière, au milieu de laquelle se trouvait le plus vigoureux buisson de fougère arborescente que le garçon ait jamais vu. Une fleur, dont le calice et les pétales brillaient comme de l'or, se balançait sur sa tige argentée !

Le petit Jeannot, qui connaissait chaque plante et chaque arbre de la forêt s'arrêta fasciné. Il n'avait jamais rien vu d'aussi beau.

« Viens me cueillir », l'invitait une tendre voix chantante.

Jeannot s'approcha de la tige sur la pointe des pieds et, au moment où il la touchait, la fleur sembla lui sauter dans les mains tant elle était facile à cueillir.

« Je l'offrirai à la châtelaine Warmia, je suis certain qu'elle l'appréciera », dit le garçon qui reprit sa course. Il en avait presque oublié sa mère malade qui attendait le remède à la maison.

La fleur brillait comme une lanterne éclairant le chemin devant lui. Mais le garçon était loin de soupçonner les pouvoirs magiques de cette fleur : il devint invisible, et ne vit même pas les

rangs des assaillants. Ainsi passa-t-il inaperçu et put-il traverser le camp de l'ennemi qui assiégeait le château de toutes parts.

Il ignorait le danger qui menaçait le château de la forêt, et lorsqu'il atteignit la grille, il s'arrêta, surpris. Le madrier de chêne doublé de métal qui fermait la grille d'entrée était abaissé. Jeannot, qui avait l'habitude d'apporter à la châtelaine les premières fraises et les premières framboises, pour la remercier de ses soins attentifs, n'avait pas le souvenir d'avoir déjà vu cela.

Et sa stupéfaction s'accrut encore, lorsqu'il vit la grille s'ouvrir d'elle-même, juste assez pour qu'il puisse se glisser par l'entrebâillement, puis se refermer derrière lui.

Il était tard et le château était en émoi. Tous se mobilisèrent pour amener aux bastions et dans les galeries, les maigres réserves de munitions de l'armurerie, et les hommes en armes de la garnison couraient prendre leurs postes dans les donjons et sur les créneaux.

Jeannot, ignorant l'encerclement du château par l'ennemi, ne comprenait rien à toute cette agitation. Alors, il vit les fenêtres du palais brillamment éclairées et courut aussitôt vers les marches où Warmia, la châtelaine, l'accueillait chaque fois qu'il venait.

À présent, elle se tenait, pâle et grave, aux côtés de son époux, dans le vestibule de la salle d'ambre : ils délibéraient avec le commandant de la garnison pour savoir si le château pouvait résister aux assaillants.

« Même si nous résistons à leurs assauts, ils vont nous affamer », dit enfin le seigneur du château en baissant la tête. « Des forces écrasantes assiègent le château, malheur à mon peuple quand il tombera aux mains de l'ennemi ! »

À cet instant, Jeannot tendit à la châtelaine la miraculeuse fleur de fougère arborescente.

« Je vous ai apporté cette fleur pour vous

faire plaisir, cessez d'être triste, chère Dame. »

Elle le serra, en pleurant, contre son cœur. La fleur d'or ! Dans sa jeunesse, elle en avait entendu parler : elle ne fleurissait qu'une fois par an, la nuit de la Saint-Jean, et celui qui la trouvait voyait tous ses désirs réalisés.

Quand Jeannot confia à la châtelaine la maladie de sa mère, elle lui donna une potion faite des herbes les plus rares, et conduisit le garçon à l'entrée d'un passage souterrain.

« Ce passage te conduira directement de l'autre côté de la forêt, Jeannot, juste à côté de ta chaumière. Il a été creusé par les eaux souterraines. Un adulte ne pourrait y passer, mais toi, petit et mince, tu peux l'emprunter facilement. Tu ne peux passer par la forêt car nous sommes encerclés par les ennemis. Quand ta mère ira mieux, dis aux honnêtes gens de ne pas désespérer. À présent, notre armée va devoir dormir sous terre pendant des siècles. Mais un jour viendra où elle se réveillera et ramènera la liberté sur cette terre. Communique ce message de génération à génération ! » lui confia-t-elle.

La châtelaine déposa un baiser sur la joue de Jeannot, puis elle retourna auprès de son époux. Lorsqu'ils entrèrent tous deux dans la salle d'ambre, elle leva soudain à bout de bras la fleur d'or. Les hommes en armes de la garnison commencèrent à se ranger derrière son éclat comme derrière une bannière. Une fois mis en rangs, on se rendit compte de l'importance de cette armée. La châtelaine les enveloppait de son sourire plein de bonté ; elle baissa son bras, et tourna l'éclatante fleur d'or vers le sol. À ce moment, un son argentin, aigu et envahissant, qui semblait faire trembler les murs du château, résonna dans la salle. Tous ceux qui se trouvaient à proximité des fenêtres furent témoin d'une scène extraordinaire : la sombre ligne d'horizon des forêts, qui se détachait sur un ciel pâle d'avant l'aurore, commença son ascension vers le ciel comme si des milliers de troncs poussaient tout à coup vers les hauteurs à une vitesse magique.

Mais ce n'était qu'une impression. En réalité, le château de la forêt s'enfonçait lentement dans le sol avec ses tours, ses grilles et ses bastions. La fleur d'or était une clé magique dans les mains de Warmia : sous les fondations du château s'ouvrit un abîme qui plongeait dans les entrailles de la terre. Et au fur et à mesure que le château disparaissait, le nombre des hommes en armes de la salle d'ambre allait croissant, sans que l'on sache d'où ces hommes venaient. Ils remplissaient la salle et les couloirs adjacents. Ils montaient les marches de bois pour se réfugier dans le donjon, et couraient dans les grottes souterraines.

Au moment même où la pointe de la plus haute tour et le château de la forêt s'enfonçaient dans les profondeurs de la terre sans laisser la moindre trace, le château était plein, jusqu'au dernier recoin, de soldats armés.

Depuis, on raconte aux enfants et aux petits-enfants que l'armée tout entière dort d'un profond sommeil dans le château du silence souterrain, et qu'elle se réveillera quand l'heure sera venue.

On raconte aussi que seule une silhouette enveloppée d'un voile blanc erre toujours aux environs du lieu où se trouvait jadis le château, le long du rivage de la Lyna aux vagues dorées. C'est la châtelaine Warmia qui, transperçant la terre à l'aide de la fougère magique, revient au monde pour rappeler l'ancien message aux nouvelles générations.

Ermésinda la maudite

Au Luxembourg, sur les collines appelées Johannisberg et Zolverknapp et à Hesperange, on peut voir, aujourd'hui encore, trois châteaux en ruines. Au temps de leur splendeur, ces châteaux appartenaient à un gentilhomme qui avait trois fils. À sa mort, les trois frères divisèrent le domaine en parts égales et prêtèrent un serment solennel de fidélité. Si l'un d'entre eux était menacé par quelque danger, les deux autres, accompagnés de leurs hommes en armes se devaient de le secourir rapidement.

Peu de temps après, l'aîné, qui avait hérité de Johannisberg, se maria. Sa fiancée était issue d'une noble famille Burgonde. Bientôt, une petite fille, nommée Ermésinda, naquit. Toute la famille fut aussitôt sous le charme de l'enfant.

« Voyez ce front plein de noblesse dans ce charmant petit visage ! » faisait remarquer fièrement le père à ses nombreux visiteurs.

« Elle est digne de notre famille », disaient ses oncles et ses tantes vantant inlassablement ses qualités. Tous gratifiaient Ermésinda, encore au berceau, des dons les plus rares.

Leur admiration atteignit son paroxysme lorsque Ermésinda, en grandissant, devint si belle que nulle jeune fille ne l'égalait dans tout le Luxembourg. Les flatteries des tantes, des oncles et des cousins, ne connurent plus de bornes. Alors, une nouvelle inimaginable courut le pays : les deux oncles d'Ermésinda avaient décidé de lui léguer leurs châteaux de Zolverknapp et d'Hesperange ainsi que leurs domaines. On disait qu'ils avaient même déclaré qu'ils ne se marieraient jamais pour être sûrs qu'Ermésinda soit leur seule héritière.

Tout le monde s'étonnait de cette générosité inhabituelle, seule Ermésinda trouvait cela naturel. Elle avait toujours été choyée et admirée, et même si le roi des Indes en personne avait déposé tous les trésors de l'empire à ses pieds, elle n'en aurait pas été surprise.

Plus on la couvrait de louanges et de cadeaux, plus elle devenait vaniteuse et cupide. Puis vint le temps où les prétendants commencèrent à fréquenter Johannisberg. Les fils uniques des gentilshommes de toute la région mettaient un point d'honneur à rendre grâce à la beauté d'Ermésinda en lui adressant les présents les plus divers.

Ermésinda les accompagnait dans l'allée du jardin. Un jour, elle disait à l'un qu'elle pourrait l'aimer, à l'autre qu'elle ne pourrait pas espérer un meilleur mari et au troisième qu'il pouvait continuer à la courtiser et à lui offrir de somptueux cadeaux, car la patience conquiert le monde. Tout en conservant un air innocent, elle se laissait flatter par une foule de prétendants, mais se moquait d'eux. Elle avait déjà des coffrets emplis de bijoux d'or, et elle passait ses journées à ne rien faire. Son caniche noir favori qui ne la quittait jamais, reniflait à ses côtés les bracelets et les bagues avec curiosité.

Cependant, son attitude ne réjouissait guère

ses parents. Il n'y avait pas de doute : toutes les flatteries qu'avait reçues Ermésinda depuis son plus jeune âge l'avaient rendue cupide et sans cœur.

« Il est indigne d'une jeune fille de bonne famille de se jouer ainsi capricieusement de ses prétendants », lui disaient ses parents avec réprobation, mais elle se contentait de rire :

« Dois-je leur faire des compliments ? Je n'aime aucun de ces lâches, voilà tout ! »

La renommée de la beauté d'Ermésinda parvint au jeune comte du Luxembourg. Unique héritier d'une excellente et vieille famille, il commençait à s'occuper de l'administration de ses terres et depuis quelques temps, il était en quête d'une épouse digne de lui. Ainsi, se mit-il en route vers Johannisberg pour faire sa cour.

Dès le premier regard, il fut saisi par la beauté de la jeune fille. Il n'hésita pas longtemps et demanda à Ermésinda si elle acceptait de l'épouser.

« Pourquoi pas, tout est possible », répondit-elle, un charmant sourire aux lèvres, elle faisait la même réponse à tous ses prétendants.

Pourtant, le comte de Luxembourg prit la réponse d'Ermésinda pour un consentement, et il demanda sa main à ses parents.

Ils acceptèrent aussitôt, non seulement parce que la famille de Luxembourg était la plus estimée de tout le pays, mais aussi parce qu'ils espéraient qu'une union aussi noble modifierait le comportement d'Ermésinda. Aussitôt, ils commencèrent les préparatifs du mariage.

Les invités arrivèrent à Johannisberg assez longtemps avant le jour du mariage. Les clameurs des tournois et des parties de chasse dans les bois avoisinants, tous les bruits de la fête résonnaient soudain dans le château habituellement si calme.

« Quelle est toute cette agitation ? » demanda

Ermésinda, furieuse, à son père. « Je ne peux plus essayer tranquillement mes nouvelles robes et mes bijoux ! »

« Soyez patiente, ma chère fille, soyez encore un peu patiente. Ne pensez-vous pas que votre mariage avec le comte de Luxembourg mérite cette atmosphère de fête ? » répondit le seigneur de Johannisberg avec un sourire plein de bonté. Il pensait qu'Ermésinda mourait d'impatience d'être enfin mariée.

« Le comte de Luxembourg ? Mais il y a bien longtemps que je l'ai oublié. Pensez à tous les prétendants que j'ai rencontrés, comment pourrai-je me souvenir de tous ? »

Le père fut stupéfait de la réponse de sa fille. Bientôt son étonnement fit place à une fureur épouvantable, et il menaça même Ermésinda de l'enfermer dans un couvent jusqu'à ce qu'elle s'assagisse et se résigne.

« Vous verrez, elle finira par choisir le meilleur d'entre eux », disait la châtelaine de Johannisberg en essayant d'apaiser l'indignation de son époux. Et à partir de ce jour, elle tenta de persuader sa fille de renoncer à sa provocation têtue et de bien vouloir prendre en considération l'honneur de sa famille.

Cependant, la fière Ermésinda ne se décidait pas. Quand sa mère la suppliait avec des larmes aux yeux, la jeune fille ne voulait rien entendre:

« Oh, mère, je suis fatiguée de tout cela. Laissez-moi en paix jusqu'au jour du mariage. Nous verrons bien, mais en attendant, laissez-moi s'il vous plaît ! »

Peut-être changera-t-elle d'avis et agira-t-elle comme on le lui demande, pensait la mère. Elle ne désespérait pas que sa fille prenne le chemin de la raison.

Le comte de Luxembourg arriva au château la veille du mariage. Les flammes des feux de camp s'élançaient joyeusement des galeries de la tour de Johannisberg, et les jeunes gens et les jeunes filles des environs, accompagnés par le son des cloches, se réunirent dans la chapelle. Selon la tradition, ils se préparaient à offrir à la future mariée un bouquet odorant des plus belles fleurs de la prairie.

Tous attendaient avec impatience la mariée. Le marié, les parents d'Ermésinda et toute la famille étaient déjà à leur place depuis longtemps. Mais la reine de la fête n'arrivait pas.

Les murmures cessèrent peu à peu, et un silence oppressant emplit la chapelle. Les invités se regardaient étonnés, la main du futur époux serrait nerveusement le pommeau de son épée. Le seigneur de Johannisberg regardait fixement le sol, l'air préoccupé.

Personne n'avait remarqué que la mère d'Ermésinda était discrètement sortie de la chapelle pour se hâter vers la chambre de sa fille.

« Elle a peut-être eu quelque difficulté pour se vêtir comme cela lui arrive fréquemment », pensa soudain sa mère. Mais elle était peu à peu envahie par un sombre pressentiment qui s'avéra bientôt, hélas! tout à fait exact.

Ermésinda était assise dans sa chambre, vêtue d'un confortable déshabillé, son caniche noir à ses pieds, coiffant négligemment ses cheveux d'ébène devant son miroir.

« J'ai changé d'avis », annonça-t-elle à sa mère tellement horrifiée qu'elle était incapable de proférer le moindre mot. « Au fond, j'ai décidé de ne pas me marier demain. Veuillez dire à mon père, s'il vous plaît, que le comte de Luxembourg ne m'intéresse pas davantage que tous ceux qui l'ont précédé ! »

« Que la terre t'engloutisse, toi, tes bijoux et ton or ! » hurla la châtelaine de Johannisberg qui sortit en courant de la chambre comme si elle avait perdu l'esprit.

Tout à coup, alors qu'elle était encore sur le seuil de la porte, elle entendit une formidable explosion et elle se retourna. Ermésinda avait disparu, à sa place s'ouvrait un large trou noir d'où s'élevait une fumée sulfureuse. La malédiction s'était réalisée !

La malheureuse femme regagna précipitamment la chapelle pour avertir son époux de ce qui venait de se dérouler. Mais elle l'aperçut dans la cour, éclairé par des flammes. L'explosion avait été si forte qu'elle avait même ébranlé la tour principale, et les bûches prévues pour les feux

de la fête tombaient des galeries les unes après les autres. Le château tout entier était embrasé !

« Ma malédiction a fait périr Ermésinda ! Puisse la terre m'engloutir à mon tour », s'écria en pleurant la mère désespérée.

Le seigneur de Johannisberg regarda sa femme prostrée, à ses pieds. Il fixa ses yeux noyés de larmes, puis il tira de son fourreau un poignard en or et se l'enfonça d'un seul geste dans la poitrine. Il tomba mort, dans les bras de son frère d'Hesperange qui se trouvait à ses côtés. Il ne devait pas être, hélas ! la dernière victime du château maudit de Johannisberg ! Son frère, le seigneur de Zolverknapp, s'approcha de la mère d'Ermésinda, et dans un accès de haine subite, la tua d'un coup d'épée.

« Mourez donc aussi puisque vous êtes la cause de tant de malheurs ! » cria-t-il comme un insensé.

Les invités, horrifiés par les événements et effrayés par le rugissement des flammes qui avaient envahies tout le château, enfourchèrent rapidement leurs chevaux pour fuir aussi vite que possible cette scène apocalyptique. Parmi eux, le visage révulsé d'horreur, se trouvait le comte de Luxembourg lui-même.

Le lendemain, l'imposant château de Johannisberg n'était plus que ruines fumantes. Les frères survivants ordonnèrent de tout raser.

« Ne laissez qu'un tas de pierres sur cette colline damnée qui fut le théâtre de tant de faits sanglants ! »

Ce furent leurs derniers mots avant de quitter la région. Ils abandonnèrent leurs châteaux un matin, à l'aurore, pour rejoindre la cohorte des pèlerins en route pour les lieux saints. Jamais ils ne revinrent.

Et depuis lors, on raconte la légende de l'indomptable jeune fille de la colline de Johannisberg.

On raconte que, par les nuits sombres, elle se promène dans une voiture sans chevaux, contre vents et marées, par les champs et les bois. Les roues de la voiture flottent au-dessus du sol comme des corbeaux en plein vol. À certains moments, la jeune fille est assise à la place du cocher, à d'autres, elle est à l'intérieur, et coiffe ses cheveux d'ébène comme elle le faisait il y a très très longtemps, le jour où sa propre mère l'a maudite dans la chambre du château, devant son miroir.

Après cette promenade, Ermésinda disparaît à nouveau dans les ruines de la colline de Johannisberg où des coffrets emplis d'or et de bijoux l'attendent. On dit qu'elle trie les cadeaux de ses prétendants, disparus depuis bien longtemps, et qu'elle ne se lasse pas d'admirer chaque bijou, en compagnie de son caniche noir qui court autour d'elle comme un fidèle gardien. Une fois par an, pour l'anniversaire de la malédiction d'Ermésinda, le chien quitte la colline et apparaît aux yeux de tous, une grande clé dans la bouche. Quiconque réussira à s'emparer de la clé, pourra épouser la jeune fille avec tous ses trésors.

Nombreux sont ceux qui ont essayé ; mais dès qu'ils voulaient saisir la clé, elle devenait brûlante, et le caniche se transformait en un monstre crachant des flammes et dégageant par les narines une fumée fétide.

C'est pourquoi l'on raconte que la belle Ermésinda reste assise sous terre, entourée de ses coffres à bijoux, attendant d'être délivrée de la malédiction de sa mère.

Comment le forgeron de Fumel devint l'héritier du roi

Avant qu'Henri IV, roi de Navarre, ne devienne roi de France, il aimait résider au château de Nérac, au cœur de la Gascogne. D'élégantes colonnes ornaient les murs et les fenêtres du château, et la salle des banquets s'enorgueillissait d'une cheminée monumentale à trois foyers. Mais, cette vie ne lui convenait pas, Henri IV, certains jours, regardait fixement les flammes et se sentait profondément désespéré.

« On me dit riche, généreux et courageux », se disait-il, perdu dans ses pensées. « Mais, en réalité, je suis aussi le plus malheureux des hommes. Ma fille ne rit jamais, et on la surnomme Triste-Mine. Mes écuries sont pleines de chevaux, mais ils sont tous d'un noir de jais. Mon grand et brave cheval blanc est celui que je préfère et j'aimerais le monter chaque jour pour faire la course avec le vent. Or, il ne veut pas se laisser ferrer ; le plus adroit des forgerons des environs n'a jamais réussi à le rendre docile. Ainsi, le surnomme-t-on Brise-Fer. Oui, je suis vraiment le plus malheureux des rois, je dois y remédier. »

Henri IV fit appeler son crieur avec son tambour et, lui donnant une bourse pleine de pistoles, il lui dit : « Apprête-toi à parcourir le monde. Et, partout où tu iras, bats le tambour et annonce que celui qui fera rire ma fille et qui réussira à ferrer mon cheval blanc obtiendra la main de la princesse et deviendra mon héritier. »

Alors le tambour se mit en route pour annoncer la proposition du roi dans chaque ville et chaque village. Le château de Nérac fut bientôt envahi par les prétendants. Mais aucun d'eux ne parvint à faire rire la princesse et à ferrer le cheval blanc. Aussi durent-ils tous repartir chez eux.

En ce temps-là, un jeune forgeron exerçait ses talents dans la ville de Fumel, à deux jours de voyage de Nérac. Il était téméraire et ne craignait pas même le diable en personne. Aussi pourquoi aurait-il redouté la princesse Triste-Mine ou Brise-Fer le cheval blanc, même si ce dernier avait toujours refusé d'être ferré ?

Quand le maître de forge entendit l'annonce du roi, il mit dans son sac de cuir quatre des plus solides fers à cheval qu'il avait pu trouver dans ses réserves, des clous doublement forgés et un marteau. Il y ajouta une miche de pain et une bouteille de vin et partit en direction du château de Nérac. Comme il avançait à grands pas, il eut soudain terriblement faim et soif. Aussi s'assit-il au bord de la route pour couper quelques tranches de pain et les tremper dans le vin. À ce moment-là, un grillon se mit à chanter dans le champ de blé avoisinant. Mais ce n'était pas un grillon ordinaire, il connaissait le langage des hommes et sans ambages, il demanda au forgeron où il allait.

« Au château de Nérac, voir le roi », répondit le forgeron. « Si je réussis à faire rire la princesse Triste-Mine et à ferrer le cheval Brise-Fer, je deviendrai le gendre du roi et j'hériterai de la couronne. »

« Voir le roi dis-tu ? Accepterais-tu de m'emmener avec toi ? Moi aussi, je serais heureux de rencontrer notre roi. Peut-être pourrai-je un jour te remercier de ta bonté. »

Le forgeron aimait beaucoup les grillons et leur chant.

« J'accepte avec plaisir. Saute sur ma barbe. »

Le grillon sauta et se mit aussitôt à se balancer sur le menton du forgeron.

Ensemble, ils repartirent. Le forgeron marchait à grands pas, accompagné par le chant du grillon. À nouveau, il eut faim et s'installa, comme précédemment, à la lisière d'un champ. Ce n'était pas un champ de blé mais un champ de tabac, et il vit une petite souris qui se délectait de quelques feuilles.

Assez curieusement, elle aussi connaissait le langage des hommes, et, comme le grillon, elle désirait se rendre au château de Nérac pour voir le roi.

« Je pourrais t'être utile et te rendre quelques menus services », dit-elle au forgeron.

« Viens avec moi. C'est avec plaisir », dit le forgeron. « Grimpe sur mon béret ! »

La puce qui piqua le nez du forgeron quand il s'installa dans une auberge d'Agen pour y passer la nuit, parlait elle aussi le langage des hommes et désirait voir le roi Henri IV.

« Je ne suis pas une puce quelconque, sais-tu ? Je suis la reine des puces », déclara-t-elle. « Je pourrais t'aider si tu m'emmènes avec toi. »

« J'accepte bien volontiers », répondit le forgeron. « Puisque tu m'as piqué le nez, tu peux y rester. Tiens-toi bien ! »

Le jour suivant, tous les quatre arrivèrent enfin au château de Nérac. Ils rencontrèrent la princesse qui revenait de promenade avant de souper avec son père.

La princesse aperçut la souris qui siégeait sur le béret du forgeron, et les commissures de ses lèvres se relevèrent légèrement. Quand elle entendit chanter le grillon de la barbe de l'homme, un sourire fugitif se dessina sur sa bouche. Et, à l'instant où elle vit danser la puce au bout du nez imposant du voyageur, elle éclata de rire au point d'en perdre la respiration.

« La moitié de ma tâche est déjà accomplie », dit le forgeron en présentant ses compliments au noble couple.

« Votre Majesté, je suis venu pour faire rire votre fille, Triste-Mine, qui n'a jamais ri de sa vie, et aussi pour ferrer votre cheval, Brise-Fer, qui a toujours refusé de l'être. »

« Bien jeune homme », dit le roi. « Il n'y a aucun doute, la princesse a vraiment ri. Rendons-nous maintenant aux écuries auprès de mon cheval blanc. »

Quand Brise-Fer vit le forgeron sortir de son sac un fer à cheval, des clous et le marteau, il se mit à ruer, s'ébrouant et hennissant tant qu'on l'entendait à dix kilomètres à la ronde.

Le forgeron plongea la main dans sa barbe et s'adressa au grillon : « À toi de jouer maintenant ! »

À cet instant, le grillon sauta dans l'oreille du cheval et poussa un cri si aigu que Brise-Fer en fut tout assourdi. Il baissa la tête et se fit aussi doux qu'un mouton.

« Entre en scène, madame la souris », dit le forgeron en tendant le bras vers son béret.

D'un bond, la souris atterrit près des naseaux du cheval blanc et souffla avec une telle force que Brise-Fer se coucha sur le côté et sombra dans un profond sommeil.

En effet, la souris s'était gavée de feuilles de tabac, elle les aimait, et son haleine était chargée de relents narcotiques. Brise-Fer n'y était guère habitué car, en ce temps-là, le tabac était une denrée fort rare en France.

Le forgeron put alors se mettre au travail sans être dérangé et, en un clin d'œil, le cheval fut ferré.

« J'ai terminé ma mission », dit-il en riant, tout en présentant son travail au monarque. « C'est exact », admit le roi, mais il se pencha alors vers le forgeron et lui dit tout bas :

« Vous pouvez encore changer d'avis. La vie avec ma fille ne sera pas facile. Elle est terriblement gâtée et peut gâcher la vie d'un homme. Pourquoi n'accepteriez-vous pas, plutôt que le mariage, une bourse bien pleine de doublons en or espagnols ? Réfléchissez bien : un seul doublon vaut beaucoup. Il équivaut à quatre pistoles en or. C'est une somme d'argent considérable. »

Le forgeron demeura un moment silencieux, puis il accepta : « Je regrette néanmoins de ne pas épouser la princesse que j'ai réussi à faire rire. Puis-je au moins venir à l'église le jour de son mariage ? »

« Vous pouvez venir dès aujourd'hui, forgeron », dit le roi en souriant. « Depuis plus d'un mois, un noble prétendant attend, à l'auberge juste au-dessous du château, mon autorisation pour le mariage. Je puis la lui donner puisque ma fille n'est plus la princesse Triste-Mine. »

La puissance d'un roi est grande, en deux heures le mariage fut arrangé.

Seul le fiancé tardait : ce duc qui possédait un domaine à peu près aussi vaste que celui du roi était doté d'un ventre si important qu'il ne parvenait à fermer son pantalon !

Enfin, les futurs époux s'agenouillèrent de-

vant l'autel de l'église de Nérac. Alors le forgeron, assis derrière le marié, porta la main à son nez. La puce, après avoir décrit une courbe harmonieuse, atterrit sur la nuque du fiancé. Là, elle ne fit que piquer, chatouiller, s'agiter et sautiller deçà delà. Puis de la nuque du duc, elle glissa sous sa chemise.

Pendant quelques instants, le fiancé ne cessa de se gratter et de se trémousser, soudain il s'arrêta. Dans l'église même, il se mit à sauter, de telle sorte qu'il faillit renverser le pasteur. À présent, il tournait en rond, puis il sauta sur un pied . . .

« Il est possédé du démon », s'écria le pasteur tout en cherchant refuge dans la sacristie. Dans la plus grande confusion et le vacarme le plus complet, les bedeaux réussirent à ligoter les pieds et les mains du possédé et ils le conduisirent hors de l'église.

« Je refuse un mari qui se comporte ainsi ! » s'écria tout à coup la princesse. « Je préférerais épouser le forgeron de Fumel, lui au moins, il sait faire rire les gens. »

Que pouvait faire le roi, sinon accepter ?

Ainsi le forgeron de Fumel devint-il le gendre du roi et l'héritier de son trône. Ceci fut solennellement couché sur le papier, signé et certifié à l'ancien château de Nérac en Gascogne.

Comment Wemyss O'Logie s'évada du château d'Édimbourg

Par une nuit d'hiver, au temps où James VI régnait encore en Écosse, son fidèle valet de pied mourut. Il était alors bien difficile de lui trouver un successeur. Finalement, le choix du roi s'arrêta sur le fils d'un pauvre chevalier, le jeune Wemyss O'Logie, qui devint ainsi le nouveau valet de pied du château royal d'Édimbourg.

Cependant, ce fier Écossais ne tarda pas à trouver terriblement ennuyeux de suivre le roi du matin au soir comme un serf.

La mauvaise humeur du jeune homme ne cessait que lorsqu'il apercevait la femme de chambre danoise de la reine, la douce Margaret à la chevelure de feu. Ils n'échangeaient que quelques mots quand il leur arrivait de se croiser, car le roi et la reine ne toléraient pas que leurs serviteurs perdent leur temps. Pourtant, au cours de ces brèves rencontres, ils tombèrent éperdument amoureux. Mais, ceci ne diminuait en rien l'insatisfaction de Wemyss dans son travail, bien au contraire.

Dès qu'il le pouvait, il se rendait dans une auberge retirée pour oublier dans la bière les humiliations et les brimades que le roi lui faisait subir du matin au soir. Cependant, au lieu de savourer sa bière, Wemyss serrait les poings et proférait les pires jurons. Et, pis encore, après avoir vidé une ou deux chopes, il insultait et injuriait son seigneur et maître.

À la même époque, un important complot se tramait contre le monarque. Le comte de Bothwell, dont la famille haïssait James VI depuis l'enfance, en était l'instigateur.

Les conspirateurs avaient décidé de pénétrer, secrètement, la nuit, dans la chambre du roi et de profiter de son sommeil pour s'emparer de lui. En effet, tous savaient qu'un seul serviteur gardait le roi pendant son sommeil : le jeune O'Logie passait toutes les nuits à côté de la chambre du roi, il avait la responsabilité de la fermer avec une clé qu'il était seul à posséder.

Les conspirateurs devaient absolument gagner la confiance de Wemyss, mais ils ne savaient comment. Le comte Bothwell savait parfaitement que le fils du chevalier, malgré sa pauvreté, ne se laisserait pas corrompre. Aussi se réjouit-il lorsqu'il apprit, par ses espions, que le jeune Wemyss essayait de conjurer son effroyable colère, due aux brimades infligées pendant son service, par la bière et les jurons, dans l'auberge située en contrebas du château.

Bothwell n'attendit pas. Le soir-même, revêtu d'un déguisement discret, il parcourut les ruelles tortueuses à la recherche du valet mécontent. Et la chance lui sourit. O'Logie entra dans l'auberge au même instant, et bientôt il but à la santé de l'inconnu qui l'avait rejoint à sa table avec tant de civilité et qui montrait tant de raffinements dans ses actes comme dans ses propos.

Ils continuèrent à boire à la santé de l'un et de l'autre les jours suivants. Après avoir vidé un bon nombre de chopes, Wemyss décida de fraterniser avec son hôte.

« Au diable la discrétion », s'exclama-t-il en frappant si fort du poing sur la table que les chopes en tressautèrent. Puis, à voix basse, il confia à Bothwell son exaspération au sujet du monarque gonflé d'orgueil.

Alors le comte décida de parler : « Vous n'êtes pas seul à ne pas aimer James VI », avoua-t-il en confidence, se penchant vers le jeune homme. « Une grande partie des Écossais le détestent, un complot se trame actuellement contre lui. Savez-vous que vous pourriez nous être d'un grand secours dans cette affaire, tout simplement en ouvrant une porte ? »

« Cela me plaît ! » dit Wemyss en frappant à nouveau du poing sur la table, si violemment que la bière déborda des chopes. « Puis-je vous demander où se trouve cette porte ? »

Le comte expliqua à Wemyss que c'était la porte de la chambre du roi dans laquelle les conspirateurs devaient pénétrer sans être vus.

« La nuit convenue, quand vous entendrez les trois hurlements du hibou », continua Bothwell, « le roi sera sur le point de s'endormir. Alors vous tournerez silencieusement la clé dans la serrure, et je me glisserai à l'intérieur avec trois de mes hommes. Nous nous emparerons de James et, dès le lendemain matin, nous proclamerons la fin de son règne. Je sais déjà que toute la ville et le château fêteront l'événement avec de retentissants hourras. »

Les deux hommes se séparèrent en se promettant de fixer la date de la nuit fatidique au cours de leur prochaine rencontre.

Mais, ils ne devaient jamais plus se rencontrer : le jeune Wemyss avait désormais tout le temps pour réfléchir à cette aventure, il était assis, enchaîné dans le donjon du château d'Édimbourg, attendant son exécution.

En fait, le roi James, prudent, avait des espions partout, même dans l'auberge la plus reculée du château. Aucune parole ne leur avait échappé et ils avaient pu ainsi prévenir tout de suite le roi du complot ourdi contre lui par O'Logie et Bothwell.

Le roi était fou de rage : « Voyez ce qu'est de-

venu un fidèle valet de pied. Il s'est lié avec mes pires ennemis, et j'ai été assez sot pour faire confiance à son visage engageant ! » Aussitôt, il ordonna qu'O'Logie soit enfermé dans la cellule la mieux gardée du donjon.

Quel espoir d'évasion pouvait avoir un homme prisonnier dans le château d'Édimbourg, semblable à une gigantesque prison ?

Après l'arrestation de Wemyss, le comte de Bothwell disparut. Le complot ayant échoué, tous les conspirateurs se cachaient. En fait, le comte Bothwell avait complètement oublié le chevalier O'Logie qu'il avait entraîné dans cette aventure sans issue.

Quant à Margaret, elle était bouleversée. La jeune fille connaissait parfaitement la robustesse et la résistance des murs de la prison. Elle savait également que Wemyss était gardé par le commandant de la garnison, le capitaine Carmichael qui détenait les clés de la cellule d'O'Logie et avait ordre de ne jamais s'en séparer. Le bruit courut parmi les servantes que l'ancien valet de pied du roi était devenu un dangereux criminel.

Mais Margaret ne revint jamais sur sa ferme résolution de sauver de la mort l'homme qu'elle aimait.

« Wemyss avait sûrement ses raisons pour rejoindre les conspirateurs ! Un homme si honnête ! Le roi James ne doit pas être sans défauts pour s'aliéner ainsi Wemyss. Les gens peuvent jaser, je suis sûre que mon Wemyss est innocent ! »

Telles étaient les réflexions de Margaret. Le matin suivant, en habillant sa maîtresse pour le petit déjeuner, elle lui confia son amour pour le jeune chevalier, et, les larmes aux yeux, elle supplia la reine d'intervenir auprès du roi pour obtenir son pardon.

« J'aimerais pouvoir vous aider, ma chère enfant », dit la reine compatissante. « Mais, cette fois, je crains que le roi ne soit sourd à mon intercession : il a peur d'un complot. Il vaudrait mieux que vous alliez vous-même vous jeter à ses pieds, peut-être aura-t-il pitié de votre beau visage noyé de larmes ! »

Margaret revêtit son beau costume de fête de couleur verte, elle coiffa sa chevelure d'or en boucles gracieuses, et pria le roi de lui accorder une audience.

« Que puis-je faire pour ma charmante femme de chambre ? » plaisanta galamment le roi James VI. « Surtout quand elle est aussi élégante qu'aujourd'hui », ajouta-t-il encore plus courtoisement en tortillant ses moustaches. Sur ce, il tira de sa poche un peigne en or incrusté de pierres précieuses et se mit à se recoiffer.

À ce moment-là, une des dents du peigne se prit dans la chevalière que le roi portait au doigt et le blessa. Furieux, il jeta le peigne et la bague sur une petite table face au miroir.

« Votre Majesté sait parfaitement », commença Margaret avec une courtoisie pleine de grâce, « qu'un acte généreux est souvent plus glorieux pour un souverain qu'une victoire sur le champ de bataille. Accordez votre pardon à mon malheureux O'Logie, et je vous promets qu'il ne vous causera plus le moindre souci ! »

« Et comment pouvez-vous être aussi affirmative ? » dit le roi en riant.

« Je ne le laisserai pas faire, Majesté. Je vais l'épouser et mon mari devra m'obéir. »

« Voyez comme notre femme de chambre est sûre d'elle ! » et le roi riait maintenant à gorge déployée. Puis, son visage redevint sérieux et il lança à Margaret un regard glacial.

« Non, ma chère, je n'accorderai pas mon

pardon à Wemyss O'Logie, pas même contre tout l'or d'Écosse. Il s'est allié avec des traîtres qui ne songent qu'à me détrôner, je l'ai interrogé hier toute la journée : Wemyss O'Logie doit mourir ! »

La voix du monarque résonna, aussi glaciale que son regard. Non, ce monarque outrecuidant ne céderait pas à ses supplications.

« Je me passerai de votre pardon, et vous le regretterez », pensa la jeune fille. « Vous allez subir un affront dont vous vous remettrez difficilement. Car vous allez perdre une bataille contre l'intelligence d'une femme, Roi James ! »

À cet instant, la femme de chambre mit la paume de sa main devant ses yeux et s'avança en titubant vers le miroir comme si elle cherchait un point d'appui pour ne pas tomber.

« J'espère qu'elle ne s'est pas evanouie », pensa le roi. « Car, si elle ne revient pas rapidement à elle, je vais devoir appeler du secours, et cela va faire un scandale ! »

Cependant, au grand soulagement du monarque, la femme de chambre revint à elle rapidement et quitta la chambre, tête haute.

Le roi quitta à son tour son cabinet pour aller dîner. Cet entretien l'avait laissé perplexe et troublé, et il oublia son peigne précieux et sa chevalière.

Le roi et la reine savourèrent leur souper, composé de plats raffinés et de vins fortement alcoolisés, ainsi avaient-ils tendance à s'assoupir à table. Ce soir-là, ils quittèrent aussitôt la table et sombrèrent dans un profond sommeil.

Personne au château, hormis Margaret et la nouvelle sentinelle qui passait la nuit dans l'antichambre du roi pour remplacer O'Logie,

ne savait que le couple royal était allé se coucher si tôt.

Le capitaine Carmichael lui-même l'ignorait. À son habitude, il restait à proximité de la cellule de Wemyss O'Logie.

Margaret se précipita vers la prison. Elle dévalait, dans l'obscurité et l'humidité, les escaliers si raides qu'elle risquait de se rompre le cou.

« Oh! Capitaine », soupira-t-elle quand elle arriva enfin auprès de Carmichael, « puis-je m'appuyer sur vous un instant ? Je me suis tellement dépêchée que j'ai failli me faire une entorse ! »

Le capitaine Carmichael était ravi d'offrir son bras à la belle Margaret.

« Pourquoi vous êtes-vous tant dépêchée, Margaret ? La reine est-elle en danger ? »

« Absolument pas, Capitaine. Le roi m'a juste demandé de lui amener tout de suite le chevalier O'Logie détenu dans votre prison. Il désire l'interroger une nouvelle fois avant de se coucher. À vrai dire, sa Majesté se demande si

ce jeune rebelle lui a bien révélé tout ce qu'il savait sur le complot. Le roi James veut l'entendre dès maintenant. Il m'a donné ceci pour prouver que c'est lui qui m'envoie. »

Alors Margaret mit la main dans sa poche et en retira la chevalière et le peigne incrusté de pierres précieuses que le roi portait toujours sur lui.

En effet, Margaret s'était emparée de ces deux objets lors de son entrevue avec le roi. Elle avait feint un malaise pour ne pas attirer son attention. Elle savait que ces objets lui seraient indispensables pour sauver l'homme qu'elle aimait.

Dès que le capitaine Carmichael eut vu la bague et le peigne, il s'était mis au garde-à-vous en claquant des talons. Margaret, en effet, lui présentait le peigne que le roi utilisait dix fois par jour pour se recoiffer, et la bague dont il se servait pour sceller les ordonnances qu'il avait édictées.

« Sa Majesté vous a vraiment confié des preuves irréfutables », dit-il à la jeune fille. « Je ne peux que souscrire à ses ordres et me soumettre à sa volonté. »

En bon soldat, Carmichael ne s'interrogeait pas sur les ordres reçus de ses supérieurs. Et, dans son cœur simple de soldat, il n'imaginait guère ce qui pouvait se passer dans l'esprit d'une femme et de la ruse dont elle pouvait être capable. Aussi ouvrit-il la cellule avec empressement. Il détacha les chaînes de Wemyss, et conduisit le condamné devant Margaret. Elle fit un signe discret à Wemyss pour qu'il continue à se comporter comme s'il ne la connaissait pas et qu'il ait l'air toujours aussi désespéré.

Elle était impatiente de se trouver enfin seule avec lui. Le château, aussi vaste qu'une ville, semblait profondément assoupi cette nuit-là, et elle espérait trouver un passage ou une poterne

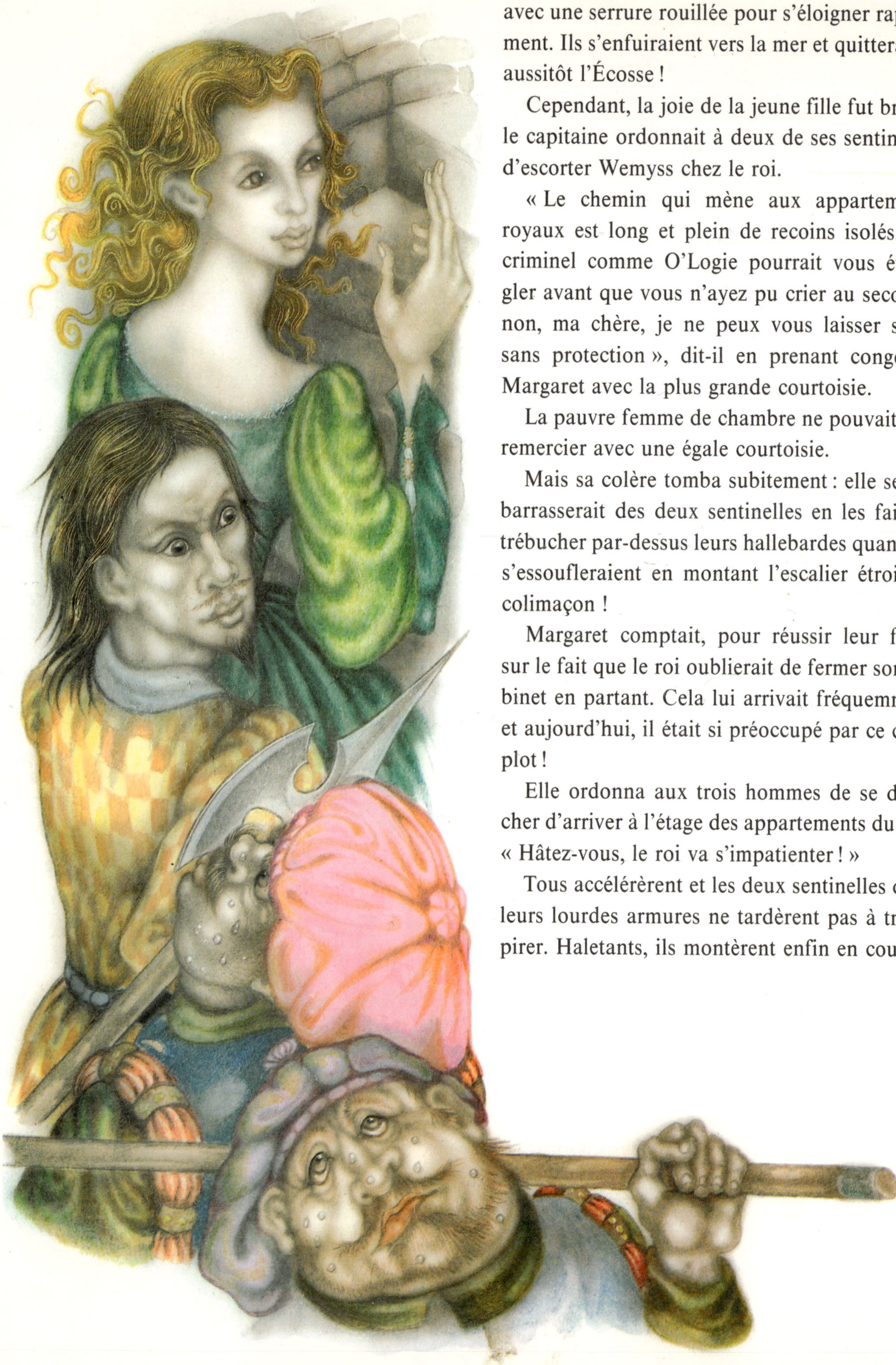

avec une serrure rouillée pour s'éloigner rapidement. Ils s'enfuiraient vers la mer et quitteraient aussitôt l'Écosse !

Cependant, la joie de la jeune fille fut brève : le capitaine ordonnait à deux de ses sentinelles d'escorter Wemyss chez le roi.

« Le chemin qui mène aux appartements royaux est long et plein de recoins isolés. Un criminel comme O'Logie pourrait vous étrangler avant que vous n'ayez pu crier au secours; non, ma chère, je ne peux vous laisser seule sans protection », dit-il en prenant congé de Margaret avec la plus grande courtoisie.

La pauvre femme de chambre ne pouvait que remercier avec une égale courtoisie.

Mais sa colère tomba subitement : elle se débarrasserait des deux sentinelles en les faisant trébucher par-dessus leurs hallebardes quand ils s'essoufleraient en montant l'escalier étroit en colimaçon !

Margaret comptait, pour réussir leur fuite, sur le fait que le roi oublierait de fermer son cabinet en partant. Cela lui arrivait fréquemment et aujourd'hui, il était si préoccupé par ce complot !

Elle ordonna aux trois hommes de se dépêcher d'arriver à l'étage des appartements du roi : « Hâtez-vous, le roi va s'impatienter ! »

Tous accélérèrent et les deux sentinelles dans leurs lourdes armures ne tardèrent pas à transpirer. Haletants, ils montèrent enfin en courant le dernier escalier derrière Margaret et Wemyss.

Margaret dit aux deux hommes que le roi n'avait pas besoin d'eux pour interroger Wemyss. Ils attendaient avec impatience ce moment de repos, et dès que la porte du cabinet se fut refermée derrière la femme de chambre et le prisonnier — le roi l'avait effectivement laissée ouverte — ils s'accroupirent, le dos au mur, de chaque côté de la porte, plongés dans un bienheureux demi-sommeil.

Au même moment, Margaret et Wemyss tombaient dans les bras l'un de l'autre, mais il fallait maintenant sortir du château le plus vite possible et en tout état de cause avant minuit. Les sentinelles étaient devant la porte, aussi devaient-ils s'enfuir par la fenêtre.

Heureusement, à cet endroit, le palais construit sur un rocher si escarpé n'était pas entouré de murailles. Il suffisait donc de se laisser glisser au pied du rocher d'où l'on pouvait aisément rejoindre le labyrinthe des allées étroites en contrebas du château, alors il était facile d'échapper à d'éventuels poursuivants.

« Il nous faut une corde pour nous laisser glisser le long du rocher », murmura Wemyss à Margaret après avoir jeté un coup d'œil sur le précipice éclairé par la lune.

« Qu'il est courageux ! » pensait la jeune fille. « Et comme il m'aime pour oser s'élancer dans le vide d'une telle hauteur en me tenant dans ses bras ! »

« Nous fuirons ensuite jusqu'à mon Danemark natal », dit-elle en souriant à son bien-aimé, « cette riche plaine bénie des Dieux couverte de champs et de prairies. Nous nous y établirons facilement. »

« Vingt mètres de corde et nous serions sauvés, ma chérie », dit Wemyss d'un air préoccupé. À ce moment-là, Margaret aperçut les gros cordons tressés qui pendaient des rideaux le long

des murs; attachés bout à bout, ils auraient la longueur suffisante.

« Mais ce n'est pas assez solide pour nous deux », soupira Wemyss, et Margaret baissa la tête. Elle savait parfaitement qu'elle n'avait ni l'agilité ni la force suffisantes pour descendre seule. Mais quelques instants plus tard, elle était à nouveau souriante.

« Prenez ceci », dit-elle en décrochant du mur l'un des pistolets du roi, « et accrochez-le à votre ceinture, vous serez ainsi en mesure de vous défendre. Voilà ceci », elle tira une petite bourse de pièces d'argent de sa poche, « pour votre voyage en bateau vers le Danemark. Nous nous retrouverons au port d'Esbjerg. »

Cependant, le jeune chevalier ne voulut tout d'abord rien entendre. « Vous êtes folle, Margaret, la première chose que le roi apprendra à son réveil est que vous m'avez aidé à m'enfuir. »

« Vous savez, le roi n'est pas si matinal », répondit fermement la jeune fille. « Quand vous serez loin, je dirai aux deux sentinelles que le roi veut continuer à vous interroger, et qu'ils peuvent aller prendre un peu de repos. Au petit matin, quand on ouvrira la grille principale, je sortirai d'un air très naturel avec mon petit baluchon, en prétendant que la reine m'envoie faire une course avant le petit déjeuner. Puis, je prendrai le bateau pour Esbjerg pour vous rejoindre le plus vite possible. »

À ces mots, le jeune chevalier se sentit rassuré.

« Ma chère Margaret n'a pas seulement un

cœur plein de tendresse », pensa-t-il. « Elle a aussi la tête sur les épaules, elle a tout prévu. Je dois suivre ses conseils. »

Ils fixèrent alors la corde improvisée aux barreaux de la fenêtre, et, après une dernière étreinte, Wemyss commença à descendre dans les profondeurs obscures.

Ce fou de Wemyss ! Il exhortait Margaret à la prudence mais lui-même en était incapable. Au moment où son pied touchait la terre ferme, il ne put résister au plaisir de tirer un coup de pistolet pour saluer la réussite de son escapade.

Le coup de feu réveilla le roi James VI au beau milieu d'un cauchemar épouvantable dans lequel son ancien valet de pied complotait à nouveau contre lui.

« C'est sûrement Wemyss O'Logie ! » s'exclama-t-il dans un demi-sommeil, et il avait raison. Il envoya chercher Carmichael et il apprit qu'O'Logie n'était plus dans sa cellule, Margaret, la femme de chambre de la reine l'avait aidé à s'évader. La pauvre jeune fille fut emprisonnée la nuit même, et des patrouilles partirent à la recherche du fugitif afin de l'arrêter.

« Votre femme de chambre est vraiment excellente », dit le roi James, furieux, à son épouse au cours du petit déjeuner. Et, il lui raconta avec indignation ce qui s'était passé.

La reine l'écouta sans l'interrompre, et quand il eut terminé, elle lui demanda d'un ton glacial : « Où se trouve actuellement ma femme de chambre ? »

« En bas, dans la cellule de Wemyss, ma chère. J'ai ordonné qu'on l'y enferme et je suis bien décidé à la faire décapiter si l'on ne retrouve pas O'Logie dans les jours qui viennent ! »

À ces mots, la reine se leva de table sans un mot, puis quitta la salle à manger d'un pas décidé.

Le roi ne se laissa pas le moins du monde impressionner.

« Quand le barbier m'aura coiffé, je descendrai dans la prison ! » dit-il en se frottant les mains, avec un sourire de satisfaction. « Il faut que je soumette Margaret à un interrogatoire sérieux ; car, qui sait si elle n'a pas participé au complot. »

Cependant, quand il arriva au donjon, il demeura stupéfait : aux côtés de Margaret, enchaînée comme une véritable criminelle, se trouvait son épouse.

« Je suppose que vous n'êtes pas surpris, cher époux », dit-elle d'une voix très calme. « C'est moi qui, faisant usage de mes prérogatives royales, ai ordonné à Carmichael de me mettre aux fers. Je resterai ici aussi longtemps que cette jeune fille. Elle a libéré son fiancé de la prison parce qu'elle l'aimait. Si le complot contre vous avait réussi, et si vos ennemis vous avaient fait prisonnier, Dieu m'est témoin que j'aurais tout tenté pour vous aider comme Margaret l'a fait pour Wemyss. Or, peut-on imaginer qu'une reine d'Écosse ressente moins d'amour pour son époux que sa femme de chambre pour un valet de pied ? »

Le roi James VI médita ce discours pendant quelques instants. Puis, avec un sourire em-

preint de remords, il appela Carmichael et lui ordonna de libérer immédiatement les deux femmes de leurs fers. Peu de temps après, il accorda son pardon à Margaret. Elle dut seulement s'engager à quitter le château d'Édimbourg dans les plus brefs délais et à quitter définitivement l'Écosse.

La jeune fille remercia la reine pour son aide précieuse, et le jour même, elle s'embarqua à Leith sur un bateau qui partait pour le Danemark.

Pendant ce temps, Wemyss avait eu du mal à gagner le port de Leith. Les patrouilles envoyées par le roi le recherchaient activement dans Édimbourg et ses environs, et le jeune homme dut recourir à de nombreux stratagèmes pour brouiller les pistes. Wemyss parvint à leur échapper de justesse et arriva sur le quai d'embarquement de Leith, alors que son bateau s'apprêtait à lever l'ancre. Il réussit à y sauter prestement et à monter à bord au dernier moment. Quelle ne fut pas sa surprise de retrouver Margaret qui venait juste d'embarquer sur le même navire !

Arrivés au Danemark sans encombre, ils célébrèrent leurs noces et, si l'on en croit les vers d'une ancienne ballade, ils partagèrent un bonheur sans nuages.

La cuisine noire du château d'Orava

Au temps où la Slovaquie faisait partie de la Hongrie, le gentilhomme Georges Thurzo, l'un des plus riches souverains de l'Empire, résidait au château d'Orava. Le roi de Hongrie en personne lui accordait sa considération car ses coffres étaient remplis de ducats, et le monarque avait besoin d'argent pour conserver son trône.

Les plaines hongroises qui bordent le Danube étaient constamment soumises aux attaques des Turcs venus du sud. Chevauchant leurs montures rapides, le sabre à la ceinture, et faisant feu de leurs lourds fusils, ils dévastaient le pays. Le roi était obligé de les combattre de crainte d'être détrôné. Toutes ces guerres coûtaient très cher.

Thurzo, le riche seigneur du château d'Orava bénéficiait certes de la considération du souverain, mais son trésor était dilapidé par l'achat d'armements et l'entretien de l'armée royale. Or, à cette époque troublée, l'or, vénéré comme un saint sacrement, ne cessait de prendre de la valeur.

Ainsi des aventuriers, voulant mettre à profit cet engouement pour l'or, s'en vinrent frapper aux portes des châteaux. Et la fière résidence au-dessus de la vallée d'Orava retint particulièrement leur attention.

Un de ces aventuriers se présenta au château alors que Thurzo essayait de calculer le coût des guerres royales : à vrai dire, elles lui coûtaient vraiment très cher.

« Laissez-moi tranquille ! » cria-t-il de son cabinet aux sentinelles qui se tenaient à la porte.

« Et qu'on m'amène immédiatement ce grossier vagabond qui frappe à la porte comme si le monde entier allait s'écrouler. Je vais le faire emprisonner dans le donjon. »

Cependant, l'homme qui se présenta devant le bureau de Thurzo n'avait rien d'un grossier personnage. Des boucles noires soigneusement coiffées formaient une sorte de halo au-dessus

de son front et de ses tempes, et ses yeux malicieux brillaient dans son visage buriné. Son costume rehaussé de pendentifs et de chaînes prouvait qu'il venait d'un lointain pays.

« Est-ce la coutume dans votre pays de faire un tel vacarme pour demander un entretien ? » demanda Georges Thurzo très mécontent.

« Veuillez m'excuser, noble maître », dit l'étranger en saluant. « Mais en Italie, mon pays, c'est la façon d'indiquer que le visiteur n'est pas un homme ordinaire. Je suis docteur diplômé des universités de Bologne, Padoue et Florence. J'ai également fréquenté les universités les plus renommées de la lointaine Arabie. Ces multiples diplômes prouvent mon grand savoir. Regardez celui-ci ! »

Sur ce, l'étranger tira de sa poche un gros rouleau de parchemin, et le déroula lentement devant les yeux de Thurzo.

« N'importe quel escroc peut reproduire un tel gribouillage, croyez-vous que les habitants de nos montagnes ne sachent point dessiner ? » dit Thurzo plein de méfiance à la vue de ces symboles bizarres. En effet, il y avait beaucoup d'imposteurs parmi les étrangers qui parcouraient la région.

Le nouveau venu répondit sans sourciller : « Ce sont des caractères arabes, Sire, et le document atteste ma compétence dans tous les secrets et les subtilités de la science appelée alchimie. Je sais transmuter un métal en un autre, l'or m'intéresse tout particulièrement. Si je ne

réussis pas à l'obtenir à partir du fer, je suis sûr d'y parvenir à partir du cuivre. Il me faut pour mener à bien mes expériences suffisamment de temps et un laboratoire équipé du matériel nécessaire. Je dois aussi ajouter mon mélange secret dans la cornue . . . »

Thurzo se réjouissait. Enfin de l'or pour emplir ses coffres à demi vides ! Et lorsque la quantité s'avérerait à nouveau insuffisante, il pourrait s'en procurer d'autre.

Le roi lui-même entretenait des alchimistes à sa cour, et ses coffres étaient toujours vides. Comme si l'étranger lisait dans ses pensées, il lui dit en confidence :

« Les rois et les empereurs ont avant tout besoin d'or, ma place est auprès d'eux. On dit de vous, Sire, que vous êtes plus riche que le roi de Hongrie lui-même. Et plus l'on est riche plus on a besoin d'argent. Ainsi suis-je venu vous offrir mes services. Je suis sûr que mon séjour dans votre château sera digne d'une cour royale. »

Un discours aussi élogieux ne pouvait qu'être agréable à Thurzo. L'étranger se mua soudain en un homme plein d'expérience qui en savait beaucoup plus qu'il ne voulait laisser paraître.

« D'accord », dit-il après un instant de réflexion. « Vous aurez tout ce qu'il vous faudra pour faire de l'or encore plus pur que celui

qu'on utilise au Kremnica Mint pour frapper les ducats hongrois. Vous toucherez dix de ces ducats par mois à titre d'honoraires. Quand j'aurai renfloué, grâce à vous, mes coffres vidés par les guerres royales, je vous promets une récompense que vous n'oublierez pas. Mes gens auront besoin d'un wagon pour vous l'amener jusqu'en Italie. »

C'était une offre fort généreuse de la part du seigneur d'Orava, si avare d'ordinaire. Il regretta même un instant de l'avoir faite. Mais si les rois pouvaient se permettre une telle générosité, pourquoi s'en priverait-il alors qu'il était l'un des hommes les plus riches de la Haute Hongrie ? Devait-il passer pour un misérable aux yeux de l'Italien ?

On attribua à l'alchimiste l'une des plus jolies chambres du château et une cuisine avec un foyer important pour qu'il puisse travailler. Lorsque la pièce fut équipée de flacons, creusets, cornues, alambics et lampes selon ses desseins et ses désirs, il fit sortir tous les indiscrets et ferma la porte derrière lui.

Depuis lors, de la fumée et des vapeurs malodorantes sortaient de la cuisine chaque jour. Quiconque passait à proximité se mettait à tousser et à pleurer.

« On dirait qu'il mélange et fait cuire tout ce qu'il a pu ramasser sur le tas d'ordure », disaient les servantes de mauvaise humeur. Les valets, eux-mêmes, faisaient un large détour.

Néanmoins, une nuit, l'un d'eux s'aventura à regarder à l'intérieur, dès le matin suivant, il raconta aux autres :

« J'ai vu l'œuvre magique du métèque. Il agitait le bras au-dessus d'un pot en forme d'oignon et une gerbe de flammes s'est élancée vers le plafond ! Je suis certain qu'il est en relation avec des puissances maléfiques ! »

« Mais non, enfin, il a jeté une poudre qui

s'enflamme facilement et qui se consume tout de suite », expliqua le forgeron qui avait été assistant de l'alchimiste de la cour à Vienne, dans sa jeunesse.

Dès lors, l'atelier de l'étranger fut appelé : « la cuisine noire », et ce n'était pas seulement parce qu'il était noir de suie.

« Il peut se lier avec Satan en personne », disait en riant le seigneur du château, « pourvu qu'il réalise ce qu'il m'a promis. »

Cependant, Thurzo n'eut pas le loisir d'attendre, dans le calme et la sérénité, l'or de l'alchimiste, car les Turcs attaquèrent de nouveau la Basse Hongrie.

Le maître du château d'Orava fut obligé de vider ses coffres, pour rassembler une armée, et se porter au secours du roi. Au milieu de tous ces soucis, il n'avait même pas trouvé le temps d'aller dans la cuisine noire pour vérifier si l'alchimiste avait progressé dans sa recherche.

Cependant, ce dernier réduisait son activité, maintenant que le seigneur était parti. La vapeur ne s'échappait que rarement de son atelier, mais chaque mois, il recevait ses dix ducats sur ordre de Thurzo. L'Italien dilapidait son argent dans de joyeuses sorties ; le salaire, bien que très généreux, devenait peu à peu insuffisant.

Comme si le diable lui-même s'en était mêlé, la chambre de l'alchimiste n'était située qu'à quelques pas de la chambre forte où Thurzo conservait ses coffres emplis de pièces d'or ! Ainsi, une nuit, l'astucieux Italien ouvrit la porte de la chambre forte grâce à un passe-partout qu'il venait de fabriquer, et il souleva subrepticement les couvercles des coffres. Il remplit un grand sac de pièces d'or et le porta dans la cuisine noire.

C'était la cachette la plus sûre, car personne n'osait y entrer de crainte de rencontrer le diable. L'étranger n'avait maintenant qu'une seule

préoccupation : quitter le château le plus rapidement possible.

Cependant le seigneur du château revint soudainement d'un combat victorieux contre les Turcs, et l'alchimiste confondu eut juste le temps de se ruer dans la cuisine noire pour allumer un grand feu. En effet, le maître devait le trouver débordant d'activité.

Thurzo ne tarda pas à venir frapper à la porte : « Étonnez-moi, mon ami, montrez-moi le fruit de votre travail pendant tant de mois. L'or que vous avez fabriqué est-il beau et pur ? »

« Patientez un instant, je vais ouvrir la porte, noble seigneur, et vous verrez ! » cria poliment l'Italien à travers la porte. Avant d'ouvrir, il lança une poignée de poudre séchée dans le feu, et la cuisine s'emplit aussitôt d'une fumée épaisse et impénétrable.

« Dans quel antre enfumé osez-vous m'inviter ? » s'écria le seigneur du château d'Orava, un mouchoir sur le nez. « Me prenez-vous pour l'un de vos assistants, ou pour un berger fumant du maïs dans sa cabane ? »

« Je suis dans la phase essentielle de mon travail, je vous demande mille pardons, Votre Grâce. Si vous daignez revenir dans trois jours, l'atelier ne sentira plus que l'essence de roses », répondit l'Italien en faisant un profond salut. Dans trois jours, il serait déjà loin, de l'autre côté des montagnes, emportant avec lui les ducats volés.

« Je n'ai pas l'intention d'attendre plus longtemps », dit Georges Thurzo, furieux. « Apportez-moi l'or que nous vérifiions son éclat au soleil ! »

Que pouvait faire le fameux alchimiste ? Il n'y avait pas la moindre trace d'or dans l'atelier mis à part les ducats volés. Il ramassa tout ce qui se trouvait par terre, des résidus métalliques et toutes sortes d'alliages, des pierres préparées pour border le foyer, et les aligna devant la porte.

« C'est là tout votre or ? » s'exclama le seigneur du château. « Vous ai-je payé pour cela ? »

« Il n'est pas encore purifié, Votre Grâce ! Il acquerra la couleur et l'éclat du précieux métal après un dernier bain, lorsque la lune sera à son premier quartier, et que les étoiles dans le ciel se trouveront dans la conjonction la plus favorable. De ces pierres grisâtres vont jaillir des pépites de l'or le plus pur ! »

Le seigneur du château d'Orava écoutait ces arguments avec une méfiance croissante. Il n'était pas ignare en matière d'or, car il possédait des mines d'or près de Banska Bystrica. Ce tas de ferraille ne ressemblait en rien à de l'or.

Soudain, il fut saisi d'une rage telle qu'il tira son épée de son fourreau et la pointa sous le menton de l'alchimiste :

« Cela suffit ! Vous allez payer vos impostures de votre vie ! »

« La mascarade est terminée », se dit brutalement l'Italien.

« Et Thurzo ignore encore le vol que j'ai commis. »

Il tomba à genoux et se mit à supplier le seigneur d'une voix implorante :

« Accordez-moi encore une nuit, Votre Grâce ! Je serai prêt demain, je vais m'y employer de mon mieux ! »

« Attention : si je n'ai pas mon or demain matin sur mon bureau, je vous ferai jeter de la plus haute tour du château ! » dit le seigneur d'Orava en remettant son épée dans son fourreau.

L'étranger salua jusqu'au sol puis disparut dans la cuisine noire. Il n'avait plus aucun espoir de s'enfuir. Sa seule chance était d'avoir l'air très affairé, peut-être le maître aurait-il pitié de lui.

Il s'enferma dans la cuisine noire, et des nuages de fumée sortirent de la cheminée et des interstices des fenêtres. Tous ceux qui s'approchaient voyaient l'ombre de l'alchimiste derrière les fenêtres, dans un halo rouge sombre.

L'Italien était plus affairé que jamais. Des flammes aux formes et aux couleurs étranges éclairaient la cuisine, et l'on entendait les bouillonnements, les explosions et les sifflements des mixtures liquides et des métaux en fusion.

Il en fut ainsi jusqu'au chant du coq. Au moment où les rayons du soleil matinal illuminèrent le sommet de la plus haute tour, une épouvantable explosion ébranla la cour du château d'Orava.

Aussitôt tout le château fut en émoi ; l'ennemi attaquait-il ?

Quand les habitants accoururent vers l'office, où se trouvait la cuisine noire, ils ne virent qu'un creuset renversé.

Quand le vent frais de la montagne eut balayé la couche de poussière qui avait complètement recouvert la cour après l'explosion, on put voir de petits ronds jaunes qui brillaient sur le dallage. C'étaient des ducats en or pur !

Mais personne n'osait les toucher, même du bout des doigts.

« Ils appartiennent à Lucifer », disait la rumeur dans le château. « Satan les a échangés à l'alchimiste contre son âme, et maintenant il l'a emporté en enfer ! »

Tous pensaient cela excepté le seigneur du château.

Lorsqu'il avait regardé dans ses coffres, il avait compris. Ses propres ducats volés par l'Italien avaient été éparpillés dans la cour lors de l'explosion !

En vain, il envoya des hommes en armes pour essayer de retrouver le fameux imposteur, mais ils revenaient toujours bredouilles. Et jamais on ne revit l'alchimiste.

Jimmy le paysan, hôte du roi d'Angleterre

Dans le Northumberland, au nord de l'Angleterre, vivait, dans une petite chaumière, un des sujets du roi. Il avait toujours payé, depuis des temps immémoriaux, vingt francs par an de loyer au trésor royal.

Il avait su courageusement préserver sa famille du besoin jusqu'à sa mort. Son fils Jimmy hérita de la chaumière, et lui aussi, fut un bon cultivateur. Dans ses champs, la moisson était si

abondante que le fermier voisin, également collecteur d'impôts pour le compte du trésor royal, était jaloux.

« Pourquoi le jeune Jimmy aurait-il cette excellente terre louée à bail par le roi, alors que j'en ferais meilleur usage ? » réfléchissait-il, se tournant et se retournant dans son lit.

Le jour du paiement du bail arriva. Il dit à Jimmy :

« Son Altesse royale tient à vous prévenir : le contrat était valable du vivant de votre père, vous ne pouvez en hériter comme des objets courants. »

« Je paierai quarante shillings au lieu de vingt », s'exclama Jimmy.

« De quoi allons-nous vivre si je perds la terre ? Et la maison ? Elle est également située sur les terres royales. »

« C'est exact, mon ami. Vous allez devoir quitter le pays rapidement. Préparez-vous à aller chercher fortune ailleurs ; le monde n'est-il pas assez grand ? » répondit le collecteur d'impôts.

« J'ai une femme et des enfants en bas âge, et ma vieille mère travaille encore dans les champs avec nous. Je ne peux pas errer par le monde avec eux comme un vagabond. »

Mais le collecteur demeurait sourd à ses supplications. « Le bail expire dans un mois. À cette date, vous devrez avoir quitté les lieux ! » Il tourna le dos à Jimmy et s'éloigna à grands pas, tête haute.

« Vous devriez aller voir le roi », lui conseillèrent ses voisins.

« Après tout, c'est lui qui a loué ce morceau de terre à votre famille. »

« Me présenter devant notre roi ? » dit Jimmy en secouant la tête. « Je ne suis jamais allé le voir, et je ne me sens pas le courage d'aller là-bas. »

Finalement, il demanda à sa mère de lui donner sa bénédiction, il embrassa sa femme et ses enfants, et appela son petit chien : « Tu vas venir voir le roi avec moi, Youpi, tu n'y échapperas pas. »

Jimmy enfila sa veste grise, mit son bonnet bleu, prit un bâton, et se mit en route en compagnie de son chien pour Londres, la ville royale.

« Sommes-nous encore loin de la résidence de sa Majesté le roi ? » demanda Jimmy en arrivant au premier faubourg.

Lorsqu'il apprit qu'il y avait encore neuf ou dix jours de marche, il poussa un long soupir en pensant à la fatigue et à la dépense engendrées par un tel voyage.

« Ne ferions-nous pas mieux de rebrousser chemin ? » dit-il à son chien. « Je préfèrerais dépenser mes deniers autrement que dans les auberges. »

Mais le chien semblait le regarder d'un air de reproche, et Jimmy pensa alors au collecteur d'impôts. Il serra plus fort son bâton et avança de nouveau d'un pas décidé.

Chaque jour, ils mangeaient peu et dormaient dans des auberges peu confortables, car ils étaient très pauvres !

Un beau jour, le chien s'arrêta au milieu de la route et se mit à aboyer. Jimmy regarda au loin, et aperçut à l'horizon une nuée de clochetons et de toits. C'était Londres. Aussitôt, il s'enquit de la présence du roi, et il apprit que Sa Majesté résidait effectivement à Londres, au palais de Whitehall. Il s'installa avec son chien dans une auberge du voisinage. Il était tellement fatigué par le voyage, qu'après le souper, il se coucha et s'endormit. Il ne s'éveilla que le lendemain vers midi.

« Notre roi doit être levé », se dit Jimmy. « Allons, dès maintenant à Whitehall. »

« Le palais est désert », dit en riant l'aubergiste. « Pendant que vous dormiez, Sa Majesté a décidé de transférer toute la cour à Windsor. C'est à une bonne trentaine de kilomètres d'ici, cela représente une longue marche si vous voulez lui demander audience. »

« Il est admirable que le roi réussisse à se lever aussi tôt », dit Jimmy en se grattant l'oreille. « Il a dû apprendre que j'étais à Londres, et il a filé : il craint ma visite au sujet du bail. »

« Vous pensez que le roi fuit à cause de vous ? » dit l'aubergiste, riant à gorge déployée.

« Partez pour Windsor, il vous payera sûrement ce qu'il vous doit ! » Et il poussa Jimmy dehors pour ne pas s'étouffer de rire.

Jimmy se mit en route, son bâton sur l'épaule et son chien sur les talons. Enfin, il arriva devant la grille du château de Windsor. Elle était grande ouverte, mais malgré tout, Jimmy frappa avec son bâton et la cour retentit de ses coups.

Le commandant de la garde était habillé comme un officier du roi. Il demanda en hurlant à Jimmy s'il était fou pour frapper à la grille alors qu'elle était ouverte. « Que voulez-vous ? »

« Je veux voir le roi et lui exposer mon affaire », dit Jimmy.

Le commandant regarda la veste de Jimmy. Elle était toute rapiécée.

« Nous avons suffisamment de courtisans au château pour transmettre le message au roi, croyez-moi ! »

« Oh non, n'en faites rien. Je suis sûr qu'aucun des laquais du roi ne mérite ma confiance », dit Jimmy en secouant la tête.

« Je veux rencontrer le roi en personne. Je ne vous demande pas un service gratuit, regardez cette pièce d'un sou sur la paume de ma main : elle est à vous ! »

« Oh, merci beaucoup, une belle pièce, c'est si rare », dit l'officier en ricanant. « Je vais essayer de vous obtenir une audience. »

Il alla dans la cour et murmura à l'oreille du premier courtisan qu'il rencontra : « Il y a un imbécile devant la grille, un visiteur comme on en rencontre rarement. Il appelle les courtisans les laquais, et m'a offert un sou pour l'amener voir Sa Majesté en personne. »

Tous étaient curieux de rencontrer un individu aussi bizarre. Le noble seigneur de la cour royale pria le commandant de la garnison de le faire entrer sans plus tarder. L'officier retourna à la grille et annonça à Jimmy d'une voix solennelle : « Venez. Mais laissez votre bâton ici et le chien derrière la clôture, sur la pelouse. Vous avez vraiment un chien extraordinaire avec vous. Quand le roi le verra, il voudra le garder pour lui, j'en fais le pari. »

« Je préfère être pendu plutôt que d'entrer sans mon bâton et sans mon chien », dit Jimmy en fronçant les sourcils. « On ne sait qui entoure le roi. Et s'ils essayaient de me voler ? »

« Eh bien soit, vous avez raison », marmonna le commandant dans ses moustaches. « On ne sait jamais ce qui peut arriver. »

Alors, le courtisan qui, entre-temps, s'était approché, s'écria : « Il a l'air intéressant, laissez-le entrer même avec son chien et son bâton ! »

« Êtes-vous vraiment Sa Majesté le roi d'Angleterre ? Oui je pense que vous l'êtes, car je n'ai jamais vu autant de colifichets tintinnabulants autour du cou d'un homme », dit le paysan d'une voix forte, « vous êtes, certainement, aussi le meilleur souverain du monde. Et si vous n'êtes pas le roi, vous êtes bon, et vous m'aiderez sûrement à obtenir un entretien avec lui, je vous donnerai une pièce de quatre sous en récompense ! »

Le courtisan s'amusait beaucoup plus qu'au bal du palais. Cet individu pourrait peut-être divertir le roi ! Il demanda à Jimmy de patienter un instant, et alla quérir Sa Majesté qui tentait de se distraire en jouant aux quilles. Quand il apprit tout ce que le brave paysan avait déjà réussi à obtenir au château de Windsor, il s'exclama plein d'impatience :

« Qu'on me l'amène, avec son chien et son bâton. Il y a longtemps que l'on aurait dû me le présenter, ce jeu de quilles est si ennuyeux ! »

Le courtisan retourna en toute hâte auprès de Jimmy, et le conduisit avec son chien à travers les cours, les bâtiments, les vestibules, les chambres et les antichambres du palais. Jimmy frappait le sol de son bâton, en se demandant pourquoi le roi laissait ces pièces inutilisées au lieu de s'en servir pour entreposer le grain et le foin pour le bétail. Enfin, ils arrivèrent dans l'allée où jouaient le roi et ses amis. Le roi était simplement vêtu pour jouer : il était en pantalons et

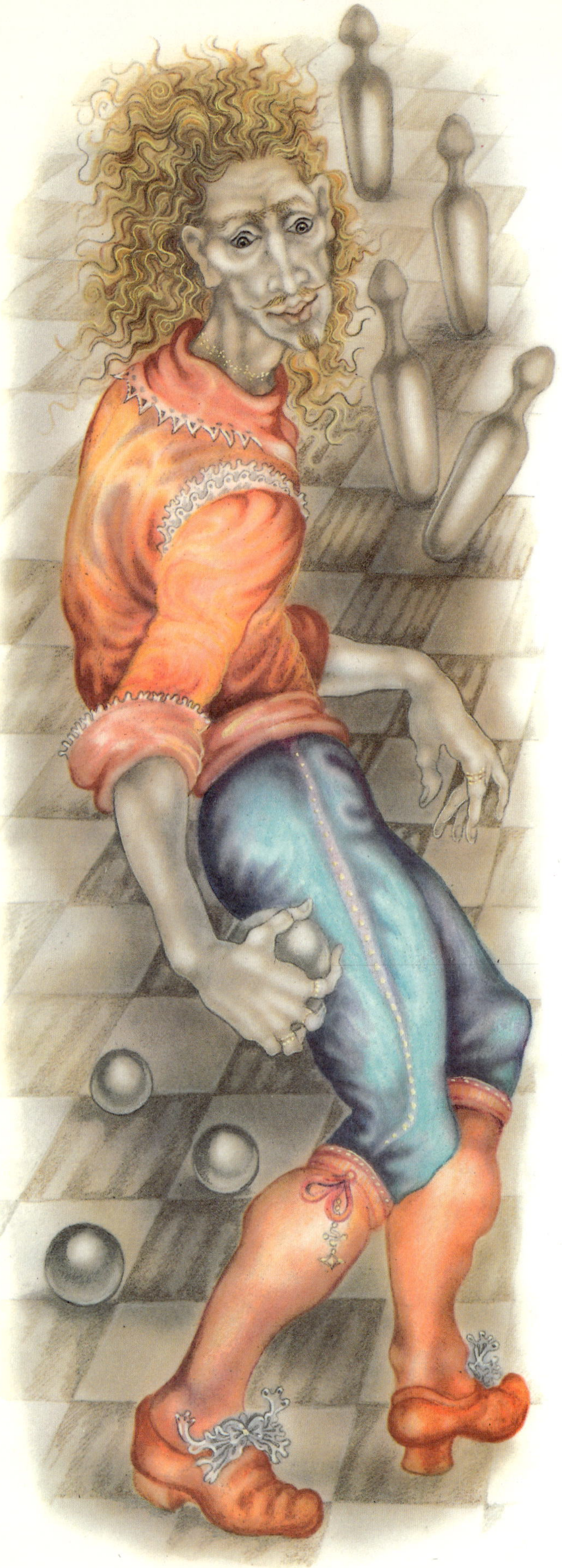

en bras de chemise, il faisait chaud ce jour-là.

« Vous voici arrivé », dit le courtisan en essuyant la sueur qui coulait de son front. « Voilà votre roi. Vous pouvez lui parler. »

« Lequel ? Celui qui est en bras de chemise ? C'est lui le roi ? Il a perdu sa veste en jouant aux quilles ? Quel jeu stupide ! Les quilles peuvent-elles réduire à la misère le roi d'Angleterre lui-même ? Tout cela ne me dit rien qui vaille. »

Pourtant, lorsque le courtisan s'agenouilla devant le joueur, Jimmy fut bien obligé de croire qu'il se trouvait en présence du roi. Il lui exposa alors les soucis que lui causait le collecteur d'impôts.

« Avez-vous apporté les papiers attestant que je vous ai vraiment loué cette parcelle ? »

« Oui, je les ai, Votre Majesté », dit Jimmy en sortant le bail de la poche de son gilet. « Mais saurez-vous le lire ? »

« Et si je ne savais pas ? »

« Eh bien, j'enverrai quérir mon petit garçon. Il n'a que sept ans, mais il sait déchiffrer les lettres avec une étonnante rapidité ! »

« Je préférerais vous épargner le voyage, mon brave », dit le roi en souriant. Il prit le papier et apprit ainsi que la parcelle de la famille de Jimmy était louée pour une durée indéterminée. Aussi longtemps qu'elle paierait le loyer, on ne devrait pas lui donner congé.

« Comment la famille de Jimmy, paysan du nord de la province, paie-t-elle son fermage ? » demanda le roi à son trésorier qui jouait aux quilles avec lui.

Ce dernier s'en fut consulter ses livres de comptes et, à son retour, il déclara : « Le fermage a toujours été très exactement payé et en temps voulu. »

« Je crois que je vais envoyer une lettre au collecteur », dit le roi en fronçant les sourcils.

« Une lettre ? Épargnez-vous cette peine, Ma-

jesté ! Les écrivains publics de notre comté l'écriront pour un prix raisonnable. »

« Vous êtes vraiment incroyable, mon ami », s'exclama le roi.

« Ma lettre risque d'avoir un certain poids, vous ne croyez pas ? »

« Bon, si vous le prenez ainsi, voici un acompte pour votre dérangement », dit Jimmy qui tira un denier de sa poche.

« Non, merci, non, je n'ai pas besoin de votre denier », protesta le roi, mais ce fut en vain. Jimmy lança la pièce dans sa chemise.

« Que c'est froid ! » s'écria le monarque. « Je suis tout en sueur pour avoir joué à ces satanées quilles, cette pièce m'a fait frissonner des pieds à la tête ! »

Le roi commençait à se lasser de cette conversation avec le paysan. Il envoya le trésorier chercher une bourse emplie de vingt livres en or, et la donna à Jimmy en disant :

« Pour vos frais de voyage, mon ami ! » Puis il murmura à l'oreille du bon paysan : « Montrez d'abord mon papier à vos voisins, puis au collecteur d'impôts, je vous le permets. Vous recevrez votre lettre demain matin sans faute, cher Jimmy ! »

Jimmy prit la bourse emplie des vingt guinées royales dans sa main comme si elle contenait son âme. « En fait, je ne me doutais pas de la richesse du roi. Et moi qui lui ai donné un denier », pensa-t-il. « Je n'aurais pas dû le sortir si vite de ma poche. »

Puis, les serviteurs du roi s'occupèrent de Jimmy. Après un excellent souper, il s'endormit dans un lit douillet. Il était le premier paysan aux vêtements rapiécés qui ait jamais passé la nuit en tant qu'hôte au château de Windsor.

Le jour suivant, il se mit en route pour retourner chez lui, son bâton sur l'épaule, son chien sur les talons, les vingt livres dans sa bourse, et la lettre du roi à l'arrière de son bonnet.

Enfin de retour, Jimmy demanda à son petit garçon de lire la lettre aux voisins, illettrés comme lui. Ensemble, ils prirent alors connaissance de la volonté du roi : le collecteur d'impôts devait payer à Jimmy cent livres d'indemnité, il serait mis aux fers tant que sa dette ne serait pas acquittée.

Au même moment, le collecteur d'impôts passa, les voisins se jetèrent sur lui, et l'enfermèrent aussitôt en prison. Puis, ils lui donnèrent à lire la lettre du roi. Le collecteur dit en grommelant : « Elle semble authentique, je reconnais le sceau ! » Ne voulant pas rester dans sa cellule jusqu'au soir, il envoya quelqu'un chez lui pour chercher cent livres et les paya immédiatement à Jimmy.

Les voisins admirèrent le courage de Jimmy qui n'avait pas craint de traverser tout le pays pour rencontrer le roi lui-même ; Jimmy, lui, prit conscience qu'une lettre du roi d'Angleterre valait beaucoup mieux que les lettres de l'écrivain public, même si elles coûtaient plus cher. Il regrettait le denier qu'il avait donné au roi !

Les trois nains du château de Salorno

À l'Hôtel de Ville de Salorno, au nord de l'Italie, on montrait fièrement aux visiteurs deux flacons étonnants. Ces récipients étaient dignes d'être vus : ils étaient en terre cuite, avec des anses aux formes arrondies. Pourtant, leurs longs cols élancés les auraient plutôt fait classer dans la catégorie des cruches.

Ils semblaient vraiment très anciens. Et la légende contée par les habitants de Salorno le confirmait.

Un jour, il y a bien longtemps, Christoforo, un des honorables bourgeois de Salorno, rentrait chez lui après avoir effectué quelques courses. Le soleil d'été brillait si fort qu'il adoucissait les contours des ruines du château de la ville.

« Et si j'allais jeter un coup d'œil là-haut », se dit-il. Aussitôt, il se mit à gravir la colline envahie de broussailles, en direction des murailles. Elles étaient en ruines, et il put les franchir sans difficultés. Il pénétra à l'endroit exact où se trouvait jadis la résidence du seigneur du château.

Comme il regardait de tous côtés, son attention fut brusquement attirée par quelques marches qui s'enfonçaient dans le sol. Le soleil éclatant éclairait ces marches de pierre si propres qu'elles semblaient avoir été balayées à l'instant.

Tout cela était très étrange : qui aurait pu songer à nettoyer cette vieille ruine ?

« Ce ne peut être qu'un putois avec sa queue », se dit Christoforo en riant. « Mais puisque ces marches sont en excellent état, voyons

où elles mènent. » Soudain, il se heurta à une lourde porte de métal. Il en saisit la poignée, lisse comme si on venait de la polir, et la porte de chêne s'ouvrit presque d'elle-même, sans le moindre grincement.

Christoforo continua à descendre. Soudain il s'arrêta, bouche bée. Les rayons du soleil qui filtraient les ouvertures du plafond éclairaient une immense voûte souterraine.

La pièce n'était pas vide. D'énormes barriques étaient alignées sur deux rangées face à face, et Christoforo en compta dix-huit, toutes plus gigantesques les unes que les autres. Chacune d'elles était équipée d'un robinet bien astiqué, et Christoforo s'empressa d'en ouvrir un. Le robinet laissa échapper un long flot de vin odorant, velouté et rouge rubis. Christoforo en lécha une goutte sur la paume de sa main. Jamais il n'avait bu un vin si excellent !

À ce moment-là, il pensa à sa femme, et à sa fille, déjà en âge de se marier. Il se promettait de leur faire goûter cette boisson dès son retour à la maison.

Il remonta les escaliers en courant, et se dépêcha d'aller à la ville pour y acheter des récipients et y verser la délicieuse potion. Il choisit des cruches munies d'anses, car celles-ci étaient faciles à transporter. Quand il s'agissait

qu'un. C'était l'écho de la voûte, mais Christoforo ne s'en rendit pas compte. Il se tourna de tous côtés, alarmé d'entendre quelqu'un lui parler, et il se frotta les yeux pour s'assurer qu'il ne rêvait pas.

Face aux escaliers, sur le sol auparavant humide, on pouvait voir maintenant une petite table très haute dont la tablette noire portait une inscription à la craie. Autour de la table, sur des tabourets étaient assis trois nains coiffés de chapeaux noirs et pointus, vêtus de vestes noires aux revers rouges, à la mode du pays. Leurs solides chaussures aux boucles d'argent et leurs épaisses chaussettes de laine étaient elles aussi noires.

de vin délicieux, Christoforo ne traînait pas, et il pensait à tout, même à se munir d'un entonnoir !

Une heure plus tard, il était de nouveau près des barriques, et dès que les cruches furent remplies, il quitta la pièce hâtivement. Pourquoi se dépêchait-il ainsi ? En effet, nul ne résidait ici depuis longtemps et les barriques avaient été oubliées.

« S'il n'y a pas de propriétaire, il ne peut y avoir de voleur », se disait-il avec raison. « Aussi pourquoi courir si personne ne court derrière ? » conclut-il en riant tout haut.

« Personne ne court derrière ? » répéta quel-

Celui du milieu, à la barbe la plus longue, fixait Christoforo de ses yeux sombres.

Le pauvre bourgeois était terrifié. Il se demandait comment ces nains étaient apparus si soudainement et d'où ils venaient.

« Avez-vous apprécié le vin de Salorno, Christoforo ? » s'enquit le nain aussi gravement que s'il prenait part à une audience.

« Ils ressemblent à des juges, et ils savent même mon nom ! » pensa-t-il en se mettant à trembler.

« Sont-ils chargés de juger les morts ? » inquiet, il fouillait des yeux le fond de la salle sombre, prêt à voir surgir la cape rouge du bourreau.

« Vous avez la réputation d'être un fin connaisseur en matière de vin, et vous n'hésiteriez probablement pas à rejoindre le camp des voleurs pour un simple verre de bon vin. Ai-je tort ? » dit lentement le nain se tournant tantôt vers l'un tantôt vers l'autre juge, d'un air si hautain que Christoforo sentit son cœur battre dans sa poitrine.

« Je vous demande mille pardons ! » s'écria-

t-il d'un ton pathétique. « J'ignorais que le vin trouvé dans ces ruines appartenait à quelqu'un, distingués gentilshommes ! »

« Vous appelez la voûte une ruine ? » dit le nain avec sévérité. « Votre maison de Salorno tout entière semblerait perdue dans ces murs. Cette ruine, comme vous l'appelez, contiendrait une rue et des maisons, et peut-être même toute la ville de Salorno ! »

« Je ne voulais pas critiquer votre belle et spacieuse voûte ! » s'écria Christoforo d'un ton geignard.

« Je n'avais pas l'intention de voler ce vin pour mon propre plaisir, je voulais juste le faire goûter à mon épouse et à ma fille. Il est si délicieux ! Laissez-les profiter au moins d'une gorgée d'un si rare breuvage pour les remercier de me supporter chaque jour. En effet, on ne trouve pire mari que moi dans toutes les Alpes. Je suis si balourd et si stupide ! »

À ces mots, les visages des nains se détendirent un peu. Ils se regroupèrent et se concertèrent en silence.

« Fort bien, Christoforo », dit enfin celui du milieu. « Comme nous pouvons le constater, vous êtes un mari et un père très prévenant. Dès maintenant, vous pouvez venir prendre autant de bouteilles de vin que vous le désirez. Mais écoutez-moi attentivement : seuls vos proches et vous-même peuvent le boire. Vous ne devez en offrir à personne d'autre, ni révéler ce que vous avez vu ici. Si vous ne respectez pas cet engagement, ne revenez plus jamais au château. Ce serait terrible ! »

Puis il désigna les cruches : « Combien croyez-vous qu'elles contiennent, Christoforo ? »

« Environ un huitième de barrique pour les deux réunies, pas davantage », répondit Christoforo.

Les nains opinèrent de la tête d'un air satis-

fait. L'un d'eux écrivit quelque chose sur la tablette, puis tous trois s'évanouirent dans l'obscurité. Christoforo les chercha des yeux dans toute la pièce, mais en vain.

Enfin, il ramassa les cruches comme dans un rêve, et remonta lentement à la lumière du jour. Tout étourdi par ce qu'il venait de vivre, il rentra chez lui.

Les nains s'étaient évanouis, mais le vin dans les cruches gardait tout son parfum et toute sa saveur. Son épouse, sa fille et tous ceux qui vivaient chez lui apprécièrent tant ce vin que les cruches furent rapidement vides.

Christoforo retourna alors au château. Les escaliers étaient parfaitement balayés, la porte s'ouvrit par une légère pression de la main, et la poignée tourna d'elle-même à peine frôlée. Christoforo remplit les cruches avec la boisson, et il s'en retourna aussi vite que possible. Dehors, il se rendit compte que, cette fois-ci, il n'avait pas rencontré les nains sous la voûte.

Christoforo et les habitants de la maison ne se lassaient pas de ce vin si exquis.

« Il y a assez de vin dans les barriques du château pour boire jusqu'à notre mort, il y en aurait même suffisamment pour la ville tout entière ! » disait Christoforo avec fierté, il se sentait de plus en plus une âme de propriétaire, et oubliait les nains vêtus de noir.

Mais rien ne dure. Par une chaude journée, trois voisins vinrent voir Christoforo. Ils ne l'aimaient pas particulièrement, mais à présent que lui et sa famille buvaient chaque jour de grands verres de vin sous la tonnelle du jardin avec la plus grande volupté, ils le jalousaient.

« Le soleil est brûlant aujourd'hui », dirent-ils sur le pas de la porte, en essuyant la sueur qui coulait de leur front. « Nous avions déjà la gorge sèche avant de traverser la rue. »

« J'ai un médicament remarquable pour ce

type d'affection, voyez vous-mêmes », s'exclama Christoforo en signe de bienvenue. Plein d'orgueil, il oublia complètement les recommandations des trois nains, et il remplit généreusement les verres de ses invités comme le jour d'un baptême.

« Que votre vin est pétillant, Christoforo », dirent-ils le félicitant dès la première gorgée. « Où l'avez-vous acheté ? Nous souhaiterions nous en procurer aussi. »

Mais Christoforo se contenta de mettre les mains dans les poches : « Je ne peux vous le dire. C'est mon secret. »

« Christoforo a certainement dû le dérober dans une cave. Un vin aussi rare ne s'achète pas chez un négociant. Il ne le vendrait pas mais le garderait pour lui et sa famille. Plus un vin est vieux, meilleur il est ! » philosophaient ses voisins.

« On devrait le dénoncer pour vol, à l'Hôtel de Ville », dit soudain celui qui avait le plus de ressentiment contre Christoforo. Les deux autres acquiescèrent, et ils se mirent en route.

Quelques jours plus tard, Christoforo subit un sérieux interrogatoire. Le vin de Salorno jouissait d'une grande réputation. En avoir dérobé était considéré comme un grave délit.

« Tout d'abord, allez me chercher ces cruches de vin », ordonna le maire, « que nous examinions l'objet du délit. »

Et ils s'y appliquèrent : le maire et ses vieux adjoints goûtèrent tant de vin que les cruches furent rapidement vides.

« Eh bien ! » dit le maire tout en essuyant ses moustaches après la dernière gorgée. « Mon cher Christoforo, vous ne pouvez avoir dérobé ce vin à un négociant local. Si je me souviens bien, nous n'avons jamais mis en bouteille un

breuvage si excellent en provenance des vignobles voisins. Si vous nous dites d'où il vient, vous serez libéré sur-le-champ. »

Christoforo craignait la prison, il y avait déjà séjourné pour avoir, avec sa maladresse coutumière, bousculé la femme du maire. Après une brève hésitation, il décida de raconter tout ce qui lui était arrivé dans le sous-sol des ruines du château.

Il ne leur épargna ni la tablette sur la petite table ni les trois nains noirs ni les barriques et leurs robinets.

« Vous avez une chance exceptionnelle, Christoforo. Les esprits du château de Salorno vous ont honoré de leurs faveurs », dit gravement le maire. « Les ruines ont déjà été fouillées de fond en comble, et nul n'a jamais découvert d'escaliers menant à une voûte, et encore moins à des barriques. »

Sur ces mots, l'interrogatoire prit fin. Christoforo fut libéré, mais à une condition : à la prochaine réunion du conseil municipal, il devrait apporter les cruches pleines du vin exquis des barriques du château de Salorno.

Christoforo s'apprêtait à partit pour le château, terrifié. L'injonction des nains lui ordonnant de consommer le vin de Salorno, seul ou avec sa famille lui revint clairement en mémoire. Il prit cependant les cruches, et se dirigea vers les ruines avant la tombée de la nuit : « Il me faut en finir ! »

Arrivé au château, il se dirigea, comme d'habitude, vers les marches menant au sous-sol, mais quelle ne fut pas sa surprise ! À leur place, se trouvaient des pierres recouvertes de buissons épineux si bien qu'il faillit se casser la jambe.

« J'ai dû me perdre », se dit-il après avoir cherché en vain à tâtons. Il n'était certes pas facile de se diriger au milieu de ces ruines. Christoforo ne sentait plus ses genoux tant il avait mal. Ses vêtements étaient en lambeaux, et il n'avait toujours pas trouvé l'escalier. Dans la nuit noire, il s'assit, mort de fatigue et désespéré, sur un petit pilier de granit effondré pour se reposer un instant. Mais cette nuit-là, Christoforo ne devait pas se reposer !

Soudain, une grêle de coups et de claques qu'il ne pouvait esquiver s'abattit sur lui. Le plus terrible était qu'il ne distinguait pas celui

qui l'attaquait bien que la pleine lune se fût levée et qu'elle éclairât le moindre petit caillou.

Les coups que les poings invisibles faisaient pleuvoir sur Christoforo étaient si puissants qu'il demeura un long moment étendu sur le sol comme mort. Puis, alors qu'il avait retrouvé ses esprits, il aperçut un rayon de lumière émanant d'une fissure. Il se traîna à genoux vers l'ouverture et regarda à l'intérieur. Et là, ô surprise, dans les profondeurs il vit la voûte avec les barriques de vin et les trois nains assis autour de la petite table !

À la lumière de la lanterne, et c'était cette lumière qui filtrait au travers de la fissure, ils écrivaient à la craie sur la tablette qui était devant eux. De temps à autre, ils se consultaient, ils avaient l'air de compter quelque chose d'important. Pour finir, celui du milieu frappa deux coups décidés sur la tablette.

Et quand il l'eut posée à la verticale contre le mur et qu'il eut placé la lanterne à côté, Christoforo distingua très nettement une croix, la croix de mort, celle que l'on peint sur la porte de celui qui a été désigné comme la prochaine victime d'une vengeance.

Un frisson de terreur parcourut le corps meutri de Christoforo. Il ne pouvait détacher ses yeux de la tablette, même si ceux qui avaient écrit dessus avaient disparu dans l'obscurité de la voûte depuis bien longtemps. Les coups de l'horloge de Salorno le ramenèrent à la réalité : onze heures sonnaient.

« Je vais finir par être surpris par l'heure des fantômes », pensa-t-il tandis qu'un frisson lui parcourait l'échine.

« Partons vite. Il vaut encore mieux rester en prison même jusqu'à l'avent ! »

Il laissa tomber les cruches. Oubliant toutes les souffrances infligées par l'invisible bourreau, il dégringola le long du mur de moellons et s'cnfuit aussi vite qu'il le pouvait.

Il poussa un profond soupir de soulagement en arrivant enfin sur la colline qui surplombait la ville, laissant le château loin derrière lui. La ville de Salorno tout entière, avec ses maisons et ses rues, s'étendait devant lui dans la clarté de la pleine lune. Il voyait même sa propre maison, mais un étrange véhicule était arrêté devant l'entrée. Il venait de se mettre en marche, suivi d'une foule qui occupait toute la rue.

Christoforo demeura pétrifié, comme frappé par la foudre. La mystérieuse procession sortit de la ville, et s'approcha lentement de la colline où il était assis. Il savait qu'à moins que la lune ne se cache derrière les nuages il ne tarderait pas à comprendre. Et il vit ! Le véhicule était un corbillard avec un cercueil à l'intérieur ! Derrière marchaient le prêtre et son acolyte avec une petite croix au bout d'un long bâton, à leur suite. Christoforo écarquillait les yeux, sa propre fille et sa femme en larmes, portant visiblement le deuil d'un proche parent ! Puis, venaient les bourgeois distingués du voisinage, les

amis plus éloignés, et les servantes gémissantes.

Il n'y avait aucun doute, Christoforo assistait à ses propres funérailles, c'était lui que l'on conduisait dans ce cercueil.

À ce moment, minuit sonna au clocher de Salorno, un nuage noir occulta la lune, et tout sombra dans l'obscurité. La conscience de Christoforo sombra également ; en effet, il s'évanouit devant cet affreux spectacle, et il roula jusqu'en bas de la colline.

Avec la fraîcheur de la brise matinale, il recouvra ses esprits. Aussitôt, il se précipita chez lui, comme sorti de l'enfer, en se jurant de ne jamais retourner dans les ruines du château.

La famille de Christoforo ne savourerait plus ce vin délicieux. Mais les conseillers de la ville ne l'entendaient pas de cette oreille : ils emprisonnèrent Christoforo car ils pensaient que l'histoire du fantôme n'était qu'une excuse. Cependant, sur l'insistance de Christoforo, le greffier de la ville se rendit au château. Il trouva là deux cruches en terre émergeant d'une fissure dans le mur de pierre effondré et enfin l'on crut Christoforo.

Ainsi, Christoforo fut-il à nouveau libre, et les deux cruches de vin prirent place sur la cheminée de l'hôtel de ville en souvenir de ces événements incroyables.

Le trésor du roi de Serbie

Jadis les Serbes étaient gouvernés par un roi très puissant. Mais celui-ci, lors d'une bataille importante, fut vaincu et dépouillé de tous ses biens. Il perdit son armée et son pouvoir, et dut s'enfuir entouré seulement de quelques fidèles pour ne pas être fait prisonnier.

Il ne s'arrêta pas avant d'atteindre Spree-

wald, une vaste forêt sauvage envahie par les ajoncs, le houblon et le gui. La rivière, appelée Sprée, traversait cette terre désolée, et ses multiples bras et affluents formaient un réseau serré. Au lieu de chemin et de route, l'eau parcourait la campagne sous la voûte des arbres millénaires. Les marécages et les fondrières menaçaient le voyageur à chaque pas. Les animaux, eux-mêmes, n'osaient pas s'aventurer dans la région, et encore moins les assaillants vêtus de leurs lourdes armures. Le roi pouvait donc se croire en sécurité.

Il choisit un endroit surélevé, nommé plus tard Schlossberg, la colline du château, pour y construire un petit château et s'y installer. Cette retraite forestière ressemblait davantage à un repaire de brigands qu'à une résidence royale : on disait même que le démon en personne avait aidé le roi lors de la construction. Le souverain vaincu craignait encore l'ennemi, même en cet endroit. Pour plus de sécurité, il usait de nombreuses ruses : il faisait partir ses chevaux alors qu'il était au château, et, en revanche, quand il le quittait, on avait l'impression qu'il était de retour. Et si l'ennemi parvenait à pénétrer dans un lieu aussi reculé, un pont magique, également offert par le démon, disait-on, permettait au roi de traverser les marécages et les fleuves. Dès son passage, le pont disparaissait.

Quelque temps après, le roi se maria dans l'espoir de fonder une famille. Mais jamais il n'eut d'enfant. Le démon, dont les cadeaux ne sont jamais gratuits, suggéra au couple royal un crime sanglant.

Près du château, un bûcheron vivait avec sa femme, son petit garçon et sa petite fille dans une chaumière de la forêt. Le garçon était habile et brillant, la petite fille était douce et jolie comme un pastel. Depuis fort longtemps déjà, le roi et la reine s'étaient attachés à eux. Ainsi la reine avait-elle persuadé son époux de tuer le bûcheron et sa femme dans le plus grand secret,

pour adopter leurs enfants. Le jour où ils s'apprêtaient à exécuter leur plan, ils furent surpris par une tempête d'une violence extrême, alors qu'ils étaient sur la route. Dans les bourrasques, les arbres vacillaient, les nuages étaient transpercés par des éclairs bleuâtres, et les rivières débordaient.

Le roi et la reine eurent du mal à regagner le château. Mais ils ne furent pas à l'abri très longtemps. Un éclair embrasa sauvagement le ciel et fendit la construction. Le château et ses habitants furent aussitôt engloutis.

À l'endroit où la foudre violente avait frappé la terre, s'était ouvert un énorme trou noir. Il était si profond que lorsque l'on y jetait une pierre, il fallait attendre de longues minutes avant de l'entendre toucher le fond. Longtemps, on raconta que l'éclair avait aussi touché le coffre-fort du roi empli de pièces d'or. Et nombreux étaient les cupides qui voulaient retrouver le trésor.

Les plus braves d'entre eux se laissaient glisser dans le trou le long d'une corde, comme dans un puits, mais chaque fois, à mi-chemin, ils remontaient. Ils racontaient que, tout au fond, ils avaient senti la main osseuse d'un squelette cherchant à les empoigner.

Seul un apprenti meunier qui avait entendu parler du trésor du roi avait réussi à atteindre le fond. Cela n'était guère étonnant, il avait bu une bouteille de cognac tout entière pour se donner du courage. On le remonta donc au bout de quelque temps, il n'avait pas trouvé le trésor mais, en revanche, il ramenait une histoire fort étonnante.

« Tout au fond, il fait clair comme sous le

chandelier d'un salon royal ! Quatre portes peintes, avec des charnières et des poignées en or, mènent aux quatre points cardinaux. Sur le seuil de chacune d'elles, un énorme serpent, au corps aussi épais qu'un pilier, est enroulé sur lui-même. J'attendais avec impatience que les monstres s'endorment rapidement. Mais, au moment où je m'approchais de l'une des portes, les serpents levèrent la tête, sortirent la langue, et se mirent à siffler avec tant de véhémence que je tirai sur la corde pour que l'on me remonte. »

Les voisins acquiescèrent de la tête, mais ils pensaient : « Cher ami, n'avais-tu pas dit toi-même que tu avais bu pour te donner du courage ? »

Quoi qu'il en soit, même après son récit, les chercheurs de trésor ne se découragèrent pas, et continuèrent à descendre dans les entrailles de la terre.

Mais la chance sourit souvent à ceux qui ne la provoquent pas. Un beau jour, un soldat joyeux marchait le long de la route qui menait au-delà de la colline du château. Il chantait car il rentrait chez lui, en permission ! Vers midi, alors que le soleil devenait vraiment brûlant, et que son sac lui semblait de plus en plus lourd, le soldat décida de s'arrêter dans un endroit ombragé pour se reposer.

Comme il fouillait des yeux les abords de la route, il eut soudain l'impression que quelqu'un lui emboîtait le pas. Il se pinça aussitôt le lobe de l'oreille pour s'assurer qu'il ne rêvait pas : en effet, un nain à la barbiche en pointe, aux joues rebondies et qui ne lui arrivait qu'à mi-mollets le suivait !

« D'où êtes-vous, soldat Makarits ? » lui demanda-t-il comme s'il le connaissait depuis toujours.

« Comment connaissez-vous mon nom ? » bégaya le soldat stupéfait.

« Je sais bien d'autres choses », dit en riant le nain. « Vous allez voir vos parents qui vivent misérablement dans leur chaumière, et vous voudriez bien leur apporter quelque chose pour améliorer leur sort. Mais vous ne possédez que ces quelques sous qui résonnent au fond de votre poche. »

« Vous avez raison », soupira Makarits. « Je suis bien pauvre ! »

« Aujourd'hui est votre jour de chance », dit le nain. « Vous pouvez gagner un joli tas de pièces d'or si vous le désirez. »

« Des pièces d'or ? » s'exclama le soldat. « J'accepte ! »

« Derrière le monticule qui se trouve là-bas », dit le nain en montrant du doigt la colline du château, « vous trouverez une petite grotte. Là, vit une vieille fée toute grise assise devant son rouet et qui file sans répit. Derrière elle s'ouvre un passage qui mène au trésor. Entrez sans hésiter : tout au bout se trouvent trois tas de pièces d'or. »

« Et qu'ai-je donc fait pour mériter une aussi bonne fortune ? » demanda tout à coup le soldat en fronçant les sourcils. Il se méfiait et ne voulait pas tomber dans un piège.

« Peut-être parce que vous êtes d'humeur joviale et que vous ne passez pas votre temps à geindre sur votre sort. J'apprécie les hommes de votre caractère », dit le nain en riant. Mais son visage redevint grave, et il ajouta :

« Ne me dites pas, Makarits, que vous n'avez plus aucune ambition. Quel drôle de soldat vous seriez ! Écoutez attentivement ce que je vais vous dire : ne prenez que trois poignées de pièces d'or de chaque tas, juste ce que votre sac peut contenir. La vieille femme essayera de vous convaincre de tout prendre, mais ne l'écoutez pas. Elle est condamnée à filer sur son rouet jusqu'à ce que le trésor disparaisse de la

colline du château. Si vous lui obéissez, vous devrez vous asseoir au rouet à sa place, et filer jour après jour, que vous soyez roi ou soldat ! »

« Ah non, jamais », s'écria Makarits. « Filer comme une femme, et en uniforme de soldat ! »

« Si vous suivez mes conseils, vous serez riche », dit le nain.

« J'aimerais pouvoir vous remercier », dit le soldat en se grattant l'oreille, « seulement je n'ai rien à vous offrir. »

« Pourquoi dites-vous que vous n'avez rien ? Je me contenterai d'emprunter votre sabre pendant quelque temps. »

« Que pourrait-il en faire ? » se dit Makarits en souriant intérieurement. « Il est deux fois plus grand que lui ! » Mais, il tira le sabre de son fourreau, et se pencha pour le tendre au nain.

Au même instant, il faillit tomber en arrière, alarmé, car le nain se saisit de l'arme et la fit siffler au-dessus de sa tête.

« J'ai des affaires à régler là-bas, je vais livrer une grande bataille et de nombreux combats », dit-il en montrant une mare du doigt.

Tout au fond, se trouvait la résidence d'un esprit des eaux, mais le soldat n'en savait rien.

« Je vais maintenant sauter dans l'eau, et vous allez faire très attention », poursuivit-il. « Quand la surface se refermera, vous observerez des bulles qui remonteront. Si elles sont blanches, j'aurai gagné, mais si elles sont couleur de sang, alors vous saurez que j'ai perdu, Makarits, et il vous faudra partir le plus vite possible ! »

Sur ces paroles, le nain brandit à nouveau son sabre, puis il plongea dans l'eau.

Le soldat n'attendit pas longtemps : quelques instants plus tard, la surface fut couverte de scintillantes bulles aussi blanches que des flocons de neige, et tout de suite après leur apparition, le nain sauta sur la rive, une douce jeune fille rousse dans les bras.

« J'ai vaincu l'esprit des eaux ! » s'écria-t-il, ravi. « Il détenait cette pauvre nymphe des eaux dans sa prison. Elle devait s'occuper des travaux ménagers de son repaire au lieu de danser joyeusement dans la clairière avec ses compagnons. Seule l'arme d'un homme honorable pouvait lutter contre l'esprit des eaux, et je ne doute pas de votre honnêteté ! Vous méritez vraiment l'or du roi de Serbie. »

Ils se séparèrent sous un large tilleul et le soldat se mit en route pour la colline du château. Là, il trouva tout ce que le nain lui avait indiqué : une grotte et à l'intérieur une femme filant sur un rouet, puis derrière le passage qui le conduisit directement à une salle voûtée. Une ouverture dans le plafond filtrait la lumière du jour. Elle illuminait les trois tas de pièces d'or.

Le soldat ne s'attarda guère. Suivant les conseil du nain, il prit trois poignées de chaque tas, et rien de plus.

« Pourquoi êtes-vous si modeste, soldat ? Un jeune homme tel que vous doit pouvoir porter ces trois tas sur ses épaules sans difficulté. Je vais vous prêter un sac pour les mettre. Prenez-

les tous car demain ils seront emportés par un autre que vous. »

Voilà ce que la vieille sorcière criait dans le couloir, et elle poussait vers Makarits un si grand sac qu'il aurait pu contenir une maison tout entière.

Mais Makarits ne semblait ni la voir ni l'entendre : il remonta le long du couloir, en poussant devant lui son sac garni de pièces d'or. Dehors, il mit le sac sur son dos, et dévala la colline du château. La vieille femme se remit en soupirant à son rouet. « J'espère que le jour viendra où un homme assez cupide emportera le trésor tout entier », marmonna-t-elle, furieuse.

La vieille femme ensorcelée filait depuis des siècles, car c'était elle qui, jadis, avait obéi au démon et avait persuadé son mari, le roi de Serbie, de commettre un crime que les éléments naturels avaient empêché.